Anno Lauten

30 Minuten

Die wirkungsvolle Stimme

Bibliografische Information der Deutschen Nationalbibliothek

Die Deutsche Nationalbibliothek verzeichnet diese Publikation in der Deutschen Nationalbibliografie; detaillierte bibliografische Daten sind im Internet über http://dnb.d-nb.de abrufbar.

Umschlaggestaltung: die imprimatur, Hainburg
Umschlagkonzept: Martin Zech Design, Bremen
Lektorat: Friederike Mannsperger
Satz: Zerosoft, Timisoara (Rumänien)
Druck und Verarbeitung: Salzland Druck, Staßfurt

© 2008 GABAL Verlag GmbH, Offenbach
3., überarbeitete Auflage 2012

Alle Rechte vorbehalten. Nachdruck, auch auszugsweise, nur mit schriftlicher Genehmigung des Verlags.

Hinweis:
Das Buch ist sorgfältig erarbeitet worden. Dennoch erfolgen alle Angaben ohne Gewähr. Weder Autor noch Verlag können für eventuelle Nachteile oder Schäden, die aus den im Buch gemachten Hinweisen resultieren, eine Haftung übernehmen.

Printed in Germany

ISBN 978-3-86936-412-4

In 30 Minuten wissen Sie mehr!

Dieses Buch ist so konzipiert, dass Sie in kurzer Zeit prägnante und fundierte Informationen aufnehmen können. Mithilfe eines Leitsystems werden Sie durch das Buch geführt. Es erlaubt Ihnen, innerhalb Ihres persönlichen Zeitkontingents (von 10 bis 30 Minuten) das Wesentliche zu erfassen.

Kurze Lesezeit
In 30 Minuten können Sie das ganze Buch lesen. Wenn Sie weniger Zeit haben, lesen Sie gezielt nur die Stellen, die für Sie wichtige Informationen beinhalten.

- Alle wichtigen Informationen sind blau gedruckt.

- Schlüsselfragen mit Seitenverweisen zu Beginn eines jeden Kapitels erlauben eine schnelle Orientierung: Sie blättern direkt auf die Seite, die Ihre Wissenslücke schließt.

- *Zahlreiche Zusammenfassungen innerhalb der Kapitel erlauben das schnelle Querlesen.*

- Ein Fast Reader am Ende des Buches fasst alle wichtigen Aspekte zusammen.

- Ein Register erleichtert das Nachschlagen.

Inhalt

Vorwort   **6**

1. Hintergründe   **9**
Entfernt vom Ursprung   9
Gesundheit und Wohlbefinden   11
Trainingsmöglichkeiten   13

2. Haltung – Atem – Stimme   **17**
Die Haltung   17
Der Atem   20
Die Stimme   28

3. Sprache   **35**
Redefluss   35
Artikulation   36
Pausen   43
Dynamisches Sprechen   45

4. Vor dem Auftritt   **51**
Lampenfieber   51
Der Raum   54
Pult und Mikrofon   55
Kleidung   55
Sekunden werden zu Stunden   56

5. Der Auftritt — 59
Die Botschaft — 59
Mimik und Gestik — 60

6. Anregungen und Übungen — 63
Anregungen — 63
Körperreflexe — 66
Vitalisierungs-Übungen — 68
Weitere Übungen — 73
Stimm-Hygiene — 74
Selbst- und Fremdeinschätzung — 81

Fast Reader — 84

Übungsverzeichnis — 90

Literaturhinweise — 92

Der Autor — 93

Register — 94

Vorwort

Viele Menschen haben das Gefühl, dass sie mit ihrer Botschaft nicht rüberkommen. Sie meinen, akustisch oder energetisch nicht hinreichend wahrgenommen zu werden, sei es im Gespräch unter vier Augen, im Vorstellungsgespräch, in der Konferenz oder am Rednerpult. Tatsächlich gibt es übereinstimmende Probleme bei den meisten Menschen, die sich recht gut einkreisen lassen. Ein Verbesserungsansatz ist dann relativ leicht zu finden.

Kernthema Haltung–Atem–Stimme
In der Vorstellung vieler Menschen ist die Stimme ein Organ, welches normalerweise gut funktioniert und manchmal, in Stresssituationen, eben nicht. Tatsächlich handelt es sich bei unserer Stimme um ein komplexes System; man spricht auch vom Stimmapparat, welcher nur durch das Zusammenwirken einer Vielzahl von Muskulaturen einen Ton erzeugen kann. Das heißt, dass die Stimme in jedem Moment des Einsatzes überhaupt erst entsteht. Das vorliegende Buch vermittelt Ihnen in Kürze die zentralen Zusammenhänge zwischen Haltung, Atem und Stimme und zeigt Ihnen, wie Sie durch ein neues Selbstbewusstsein und praxisorientierte Übungen zu mehr stimmlichem Ausdruck gelangen.

Die Möglichkeiten Ihrer Stimme
Der Mensch kommt mit einer funktionstüchtigen und extrem leistungsfähigen Stimme auf die Welt. Doch be-

reits ab der frühen Kindheit und im weiteren Verlauf des Lebens wird das Stimmsystem durch zahlreiche Einflüsse in seiner komplexen Funktion beeinträchtigt. Diese Hemmungen und Einschränkungen zu erkennen und bewusst zu beseitigen ist das erste Ziel dieses Buches. Des Weiteren geht es um die gezielte Nutzung stimmlicher Möglichkeiten für eine überzeugende Präsentation. Sie werden die einzelnen Parameter Ihres Stimmklangs kennen- und schätzen lernen.

Für jeden von Nutzen

Der Fokus des Buches liegt eindeutig auf der Funktion der Stimme mit „Alltags-Anbindung" und nicht auf der Artikulation und Interpretation von Sprechtexten, wie es für Schauspieler und Sprecher unabdingbarer Bestandteil der Ausbildung ist. Ich habe bewusst auf Fachvokabular und vertiefende Ausführungen verzichtet, um die Inhalte allgemein verständlich zu machen und einen schnellen Blick auf das Wesentliche zu ermöglichen. Es würde mich freuen, Ihnen auf Ihrem Weg zu mehr Erfolg, Kontakt und Wohlbefinden ein Stück weiterzuhelfen!

Herzlichst Ihr

Anno Lauten

30 MINUTEN

Haben Sie sich schon mal bewusst selbst erlebt?

Seite 9

Was haben Stimmtraining und Gesundheit miteinander zu tun?

Seite 11

Wie können Sie die Stimme trainieren?

Seite 13

1. Hintergründe

Ob Sie Sport treiben, meditieren oder auf andere Art mit Ihrem Körper intensiv in Kontakt sind: Elementar wichtig sind Körperempfinden und -bewusstsein. Die Stimme ist nicht nur Sprachrohr unserer Gedanken, sondern Ausdruck unserer gesamten Persönlichkeit. Freuen Sie sich auf eine spannende Begegnung mit sich selbst: Sie werden lernen, sich bewusster wahrzunehmen. Sie werden sich neu erleben und als Persönlichkeit Standpunkte besser vertreten können. Daraus resultieren eine klangvolle, ausdrucksstarke Stimme und der viel zitierte „Brustton der Überzeugung"!

1.1 Entfernt vom Ursprung

Menschen unseres Kulturkreises sind häufig abgeschnitten von ihrer innersten ureigenen Kraft: die Atmung ist oft verkümmert. Gründe dafür gibt es viele: angeborene, anatomisch bedingte Fehlhaltung, eine niederdrückende Erziehung, schlechte Arbeitsbedingungen, unerfüllte Beziehungen, eine schwache innere Haltung, schlechte Körperaufrichtung u. a.

Selbstbewusst sein

Eine positive Lebenseinstellung, d. h. eine gute Verbindung zur Umwelt, ist nur möglich, wenn man sich selbst bewusst erlebt. Wer bewusst „bei sich" ist, erlangt Selbstbewusstsein im eigentlichen Sinn des Wortes. Selbstbewusstsein zu erlangen bedeutet, die Herausforderung der Begegnung mit sich selbst anzunehmen. Sich selbst erleben kann man besonders gut bei folgenden Tätigkeiten: Singen, Stimmtraining, (asiatische Kampf-)Sportarten, Meditation, Kommunikation oder verschiedenste Formen von Therapie.

Die Stimme – DAS Medium

Ein schöner Weg zu mehr Selbstbewusstsein ist die Arbeit an der Stimme, am stimmlichen Ausdruck in Wort und Gesang. Dabei geht es um die Einbeziehung des ganzen Menschen, um einen ganzheitlichen Ansatz. Ganzheitlich im Zusammenhang mit der Stimme heißt: Die Stimme wird nicht als lokales Organ im Sinne der Schulmedizin betrachtet, sondern als ein System, ein komplexes Zusammenwirken verschiedenster Muskeln, ja aller Teile des Körpers – und der Seele. Von grundlegender Bedeutung für das Funktionieren der Stimme sind die Körperhaltung und die Atmung. Was die Stimme und die Arbeit an ihr so besonders macht, ist die unmittelbare Verbindung von Körper, Geist und Seele.

Selbstbewusstsein im eigentlichen Sinn des Wortes ist wichtig für gezielte Veränderung und Verbesserung von Haltung, Atmung und Stimme. Indem Sie sich mit Ihrer Stimme beschäftigen, steigern Sie Ihr Selbst-Bewusst-Sein!

1.2 Gesundheit und Wohlbefinden

Stimmarbeit hat darüber hinaus eine weitere außerordentlich positive Komponente: die Förderung der Gesundheit. Dass Gesundheit und Wohlbefinden eng miteinander verknüpft sind, ist allgemein bekannt; dass Wohlbefinden mit Spaß erarbeitet werden kann, vielleicht noch nicht.
Durch die Verbesserung der Haltung und Atmung wird der Körper vitalisiert. Der Energiefluss wird angeregt, und unterdrückte Emotionen und Reflexe, die sich oftmals im Körper in Form von (Ver-)Spannungen und Blockaden festsetzen, können durch die Stimme transformiert den Körper verlassen. Ärztlich wird heute Folgendes attestiert:

- Die Durchblutung des gesamten Organismus, insbesondere des Kopfes, wird verbessert.
- Der ganze Körper (Stimmbänder, Lunge, Herz, Zwerchfell, Beckenboden) gerät in Schwingung.
- Die Atmung wird tiefer und liefert mehr Sauerstoff.
- Wer viel singt oder klangvoll und lebendig spricht,

ist ausgeglichener und selbstbewusster, kann besser mit Sorgen und Stress umgehen.
- Menschen, die unbefangen singen und reden, sind lebensfroher und haben häufiger gute Laune. Sie sind hilfsbereiter und intensiver in Kontakt mit anderen Menschen.

Stimmarbeit macht Spaß

Stimmbildung und Singen kommen grundsätzlich jedem zugute, nicht nur Menschen in Sprechberufen wie Schauspielern, Politikern, Referenten, Lehrern, Priestern, Call-Center-Agenten oder Führungskräften. Der „Spaßfaktor" ergibt sich aus einer Vielzahl von Möglichkeiten: Sie können mit einem Trainer arbeiten, der Sie fordert und motiviert, sich in einer Gruppe mit anderen messen und gegenseitig anspornen, Musik singen, die Sie bewegt, Texte sprechen, die Bilder entstehen lassen. Stimmarbeit ist extrem verbindend: Sie lernen Gleichgesinnte kennen, finden neue Ebenen der Kommunikation, gemeinsame Interessen und Gesprächsstoff.

Die Arbeit an und mit der Stimme ist eine Bereicherung des Lebens. Ob im beruflichen Kontext oder im Privatleben – mit Ihrer Stimme bestimmen Sie die Qualität Ihrer Kommunikation und Ihrer Beziehungen. Sie profitieren auch gesundheitlich und erhöhen Ihre Leistungsfähigkeit, wenn Sie Haltung, Atem und Stimme in Einklang bringen.

1.3 Trainingsmöglichkeiten

Wir haben mit einem ersten Schrei nach der Geburt die Welt begrüßt. Unsere Stimme ertönte spontan, ausdrucksstark und kraftvoll, ohne Schmerz und Aussetzer. Wir begannen, körperlichem Befinden und Verlangen stimmlichen Ausdruck zu verleihen. Wir kommunizierten wortlos mit unserer Umwelt und lernten im Lauf der ersten Lebensjahre die Sprache unserer Eltern durch Nachahmen. Damit wurden auch der Stimmklang und insbesondere der Dialekt übernommen.

Lernen aus Erfahrung
Als erwachsene Menschen wollen wir nicht instinktiv, sondern vorsätzlich Einfluss nehmen auf unsere Sprache, unsere Stimme. Die Muskulaturen des „Stimmapparats" sind nicht so direkt zu steuern wie die der Arme, des Gesichts oder der Füße. Wir können die Stimme aber trainieren, indem wir gezielt Einfluss auf sie nehmen durch Nachahmung, Erinnerung an Gemütszustände und Reflexe, d.h. im Rückgriff auf Erfahrungen.

Die funktionale Methode
Betrachten wir unseren Körper einmal von innen: Den Bewegungsapparat, den Atemapparat, den Stimmapparat. Wir beantworten uns folgende Fragen:

1. Wie stellen/halten wir uns?
2. Wo befindet sich unsere Lunge?

3. Wie kommt Luft in die Lunge hinein?
4. Wie kommt Luft aus der Lunge heraus?
5. Was machen wir mit der Luft, wenn wir sprechen?
6. Wodurch entsteht ein Ton?
7. Wie kommen verschiedene Tonqualitäten zustande?
8. Wie formen wir Vokale und Konsonanten – unsere Sprache?
9. Was verdeutlicht die Sprache?
10. Wodurch steigern wir unseren Ausdruck?

Die emotionale Methode

Indem wir uns an eigene Gefühle erinnern, haben wir die Möglichkeit, die entsprechende Stimmqualität hervorzurufen und in einen anderen Kontext zu transportieren. Fühlen wir uns beispielsweise stolz, so ertönt die Stimme mit geschwellter Brust sonor und resonanzreich. Sind wir niedergeschlagen, so schwindet die Kraft auch aus der Stimme und sie klingt matt und kraftlos. Zum Training eignet sich hervorragend die Adaption durch Nachahmung des Lehrers. Versetzen Sie sich während der folgenden Übung in die jeweilige Gemütsverfassung und lassen Sie Ihre Stimme mit einem Summton klingen oder zählen Sie langsam von eins bis zehn.

> **Übung: Stimmqualitäten**
> In diesen Stimmungen klingt die Stimme ...
> ... eher tief und ruhig:
> 1. Müdigkeit
> 2. Entspannung/Wohlbehagen

3. Lustempfinden
4. Traurigkeit/Melancholie
5. Resignation

... eher energisch:
1. Fußballspiel/Wettkampf-Eifer
2. Lustempfinden/Euphorie
3. Wut/Streit
4. Panik/Notsituation

... eher fröhlich, überschwänglich:
1. Gewinn-Situation
2. Freudiges Ereignis
3. Besonders nette Gesellschaft

... eher leise:
1. Vertraulichkeit/Intimität
2. Unsicherheit/Bedürftigkeit
3. Traurigkeit/Einsamkeit

Beobachten Sie Babys und Kleinkinder, erinnern Sie sich an Stimmungen und Äußerungen in Ihrem Leben.
- *Befassen Sie sich mit Ihrer Stimme und Sie entwickeln ein echtes Selbst-Bewusst-Sein!*
- *Machen Sie sich ein funktionales Bild Ihres Haltungs-, Atem- und Stimmapparates.*
- *Erinnern Sie sich an intensive Emotionen und die jeweils zugehörige Körperspannung – Ihre Stimme hat dann eine stets entsprechende Qualität.*

30 MINUTEN

Stehen Sie zu sich oder verstellen Sie sich?

Seite 17

Schnappen Sie noch nach Luft oder lassen Sie sich schon inspirieren?

Seite 20

Wer trägt eigentlich Ihre Stimme?
Seite 28

2. Haltung – Atem – Stimme

Um das Pferd von hinten aufzuzäumen: Keine Stimme ohne Atem, kein Atem ohne Muskelbewegung, keine Muskelbewegung ohne einen Halt für die Muskulatur. Halt für die Muskulatur bietet unser Skelett, welches wiederum Muskelspannung benötigt, um überhaupt aufrecht stehen zu können. Jetzt mal von vorn: Eine ausbalancierte aufrechte Haltung ist die Voraussetzung für eine leistungsfähige Atemmuskulatur. Diese setzt eine kraftvolle und agile Atemsteuerung voraus, welche wiederum die Voraussetzung ist für eine voluminöse, tragfähige und modulierbare Stimme. Und das ist schließlich unser Ziel, oder?

2.1 Die Haltung

Körperhaltung
Körperhaltung, Gesichtsausdruck und Stimme spiegeln in starkem Maße das Innenleben eines Menschen wider. Die meisten Menschen unseres Kulturkreises haben

keine gute Haltung. Durch Bewegung in Verbindung mit richtiger Atmung kann hier Abhilfe geschaffen werden. Lebenssinn und -inhalt, motiviert durch Begegnung, Kommunikation sowie körperliche und seelische Berührung, sind ebenso wichtig. Also: Haltung einnehmen und bewahren ohne zu erstarren. Oberkörper und Nacken beweglich aufrichten, in Knien und Becken Spielraum bewahren. Der geschmeidige Gang ergibt sich aus der stolzen, aufrechten Haltung, bei welcher der Oberkörper durch das Rückgrat gestreckt ist. Ein gestelzter Gang wirkt dagegen unecht und aufgeblasen, eine zu feste bis steife Haltung wirkt gesetzt und unbeweglich.

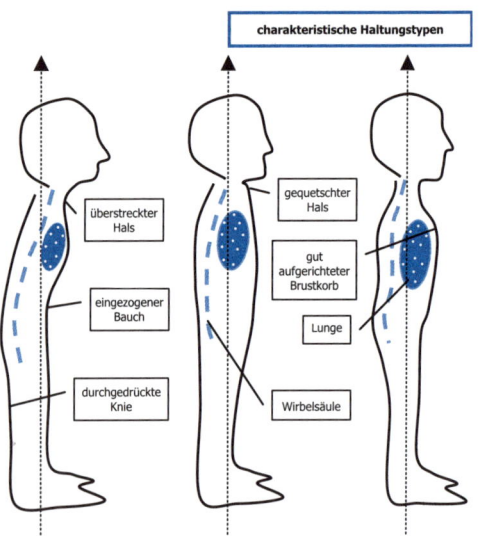

Abb.: Charakteristische Haltungstypen. Anno Lauten (2007)

Geisteshaltung

Stehen Sie zu sich und Ihrer Überzeugung! Körper- und Geisteshaltung werden sich in den meisten Fällen entsprechen. Eine bewegliche Haltung ist nicht zu verwechseln mit Wankelmütigkeit. Vielmehr erlaubt Beweglichkeit geistig wie körperlich ein schnelles und intuitives Reagieren, eine gedankliche Klarheit ohne Verkrampfung! Eine aufrechte Haltung ist nicht immer bequem, aber dauerhaft gesünder und tragfähiger. Mithilfe der folgenden Übung finden Sie den richtigen Standpunkt.

> **Übung: Körper-Grundhaltung (Nullstellung)**
> 1. Stellen Sie sich hin, Ihre Füße etwa hüftbreit auseinander.
> 2. Verlagern Sie das Körpergewicht gleichmäßig auf beide Füße.
> 3. Halten Sie Knie und Becken beweglich.
> 4. Richten Sie Ihren Rücken gerade auf, besonders im Brustwirbelbereich.
> 5. Lassen Sie den Kiefer locker hängen (Marionette!).
> 6. Denken Sie an Gähnen.
> 7. Lassen Sie den Atem passieren, das heißt frei kommen und gehen.

Sitzhaltung

Im Sitzen verlagern Sie Ihr Gewicht auf Ihre Sitzknochen. Setzen Sie sich so auf einen festen Stuhl oder Hocker oder auf die Kante eines Bürostuhls, dass beide

Füße flach auf dem Boden und die Knie etwa im rechten Winkel stehen. Auch ein Luftkissen oder Sitzball sind zu empfehlen, damit das Becken beweglich bleibt und den Atemvorgang unterstützt. Ferner wie oben ab Punkt 3.

Die Körperaufrichtung ist von entscheidender Bedeutung für die gute Funktion der Stimme und für unsere Wirkung insgesamt! Ein Mensch mit aufrechter Körperhaltung wird als starke, verlässliche Persönlichkeit wahrgenommen – im Stehen wie im Sitzen.

2.2 Der Atem

Unser Atem (poet. Odem) ist nicht nur Mittel zu einem Zweck, nämlich der Sauerstoffzufuhr, sondern vielmehr Antrieb, Esprit und Ausdruck von Vitalität und Potenz im Ganzen. Er reagiert seismografisch auf unsere Gemütsregungen, unsere körperliche Agitation, und kann, richtig wahrgenommen und bewusst gelenkt, unser Wirken vielfältig unterstützen! Viele Menschen sind der Meinung, sie hätten zu wenig Luft. Tatsächlich ist das Problem meist, dass sie zu viel Luft bevorraten und dann in exponierten Situationen noch zusätzlich Luft „ansaugen", in der Hoffnung, damit gut vorzusorgen. Diese Überfüllung der Lunge zwingt zu einer anstrengenden Haltung und ruft Beklemmungen hervor. Hoch- oder Schlüsselbeinatmung führt zu Verspannungen im

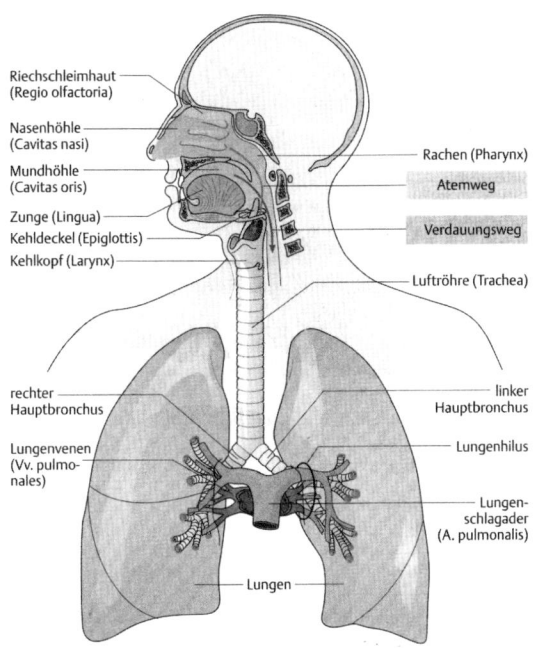

Abb.: Der Atemapparat. Aus: Faller, Adolf: Der Körper des Menschen. Einführung in Bau und Funktion. Stuttgart: Thieme, 1995, S. 225

Hals- und Schulterbereich. Normalerweise hat jeder Mensch so viel Luft in seiner Lunge, dass er ohne besonderes Zutun reden kann. Unser Körper besitzt die intelligente Fähigkeit, sich automatisch auf die Anforderungen einzustellen, wenn er daran nicht durch unnötiges Eingreifen oder Blockaden gehindert wird. Indem wir also denken, was wir sagen wollen, weiß unser Körper (Nerven und Muskulatur), wie viel Luft er dafür benötigen wird. Wenn wir uns öffnen, wird durch unsere Intention die erforderliche Menge Luft in die Lunge einströmen. Durch einengende Kleidung (besonders im Bauchbereich), festgehaltene Emotionen, schlechte Haltung und andere Einflüsse behindern wir den Atemfluss und damit auch den Emotions- und Gedankenstrom.

> **Übung: Atemwahrnehmung**
> Die Übung dient der Bewusstwerdung der Zusammenhänge Atem–Bewegung–Emotion.
> 1. Setzen Sie sich auf einen Stuhl.
> 2. Lassen Sie sich zusammensacken.
> 3. Richten Sie sich auf.
> 4. Denken Sie an eine Situation der Erleichterung, in der Sie unmittelbar entspannen können.
> 5. Denken Sie konkret an eine hitzige Diskussion, an einen Punkt, wo Sie das Wort ergreifen wollen.
> 6. Denken Sie intensiv an die Situation unmittelbar vor dem ersten Wort einer Rede, eines Vortrages.
> 7. Denken Sie an den schlimmsten Streit Ihres Lebens.
> 8. Denken Sie an den schönsten Moment Ihres Lebens.

Was macht Ihr Atem? Bleibt er neutral und ruhig oder beschleunigt/beruhigt sich Ihr Puls und damit Ihre Atemfrequenz?

Tiefatmung

Begriffe wie „flache Atmung", „Hochatmung", „Schulteratmung", „Schlüsselbeinatmung" und auch „Bauchatmung" und „Zwerchfellatmung" assoziieren die Beschränkung der Lungenfunktion auf Teilbereiche, bei denen sich die Lunge nur nach einer Richtung hin ausdehnt und mitunter die falschen Muskeln die Arbeit tun. Bei der „Voll- oder Tiefatmung" kann der Atem stets frei fließen, d. h. ungehindert ein- und ausströmen, wobei wir bei erhöhter Anforderung aktiv mittels der Bauchmuskulatur ausstoßen. Beim freien Atmen können wir feststellen, dass sich Bauchdecke, Flanken, Rücken und Brustraum bewegen: Sie ziehen sich zusammen und dehnen sich aus. Die Schultern sollen stets locker zu den Seiten herabhängen und sich bei der Atembewegung nicht heben.

> **Übung: Atembefreiung und Entspannung**
> Mit dieser Übung entspannen Sie Ihre Atemmuskulatur und befreien Ihren Atem.
> Stellen Sie sich das Meer vor. Ihr Atem ist wie eine Welle: Er strömt aus, wie die Welle zum Ufer hin wallt, und strömt wieder ein, wie sich die Welle ins weite Meer zurückzieht. Atmen Sie aus auf „sch", ohne die Zähne zusammenzubeißen, und öffnen Sie sich innerlich weit, um den Atem in die Lunge zurückströmen zu lassen. Das Einströmen des Atems sollte kein Geräusch erzeugen! Der Gedanke an Gähnen hilft beim inneren Öffnen und Weiten.

Ausdrucksübung

Mithilfe dieser Übung regen Sie die Bauchmuskulatur an, unterstützen das Zwerchfell und aktivieren so Ihr Ausdruckspotenzial. Dadurch verstärken Sie Ihre Ausdruckskraft.

Versuchen Sie auf „sch" oder „s" die folgenden Kurven nachzuvollziehen. Die Form beschreibt die Intensität (Kraft/ Lautstärke) von minimal (unten) bis maximal (oben) im Verlauf von links nach rechts.

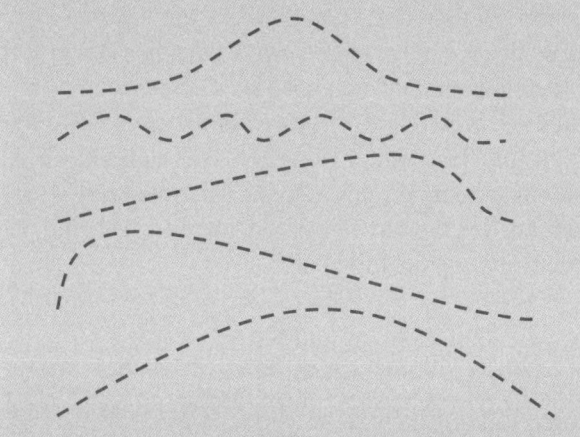

Abb.: Ausdruckskurven. Anno Lauten (2007)

Tipp: Gut geeignet zum Üben sind Stiftkappen als Ventil. Besonders Fineliner wie der Stabilo point 88 (der gelbe mit den weißen Streifen) haben einen guten Durchfluss. Ein Zusatznutzen: Der Stift kann Sie unauffällig im Berufsalltag begleiten und Sie so ans Üben erinnern.

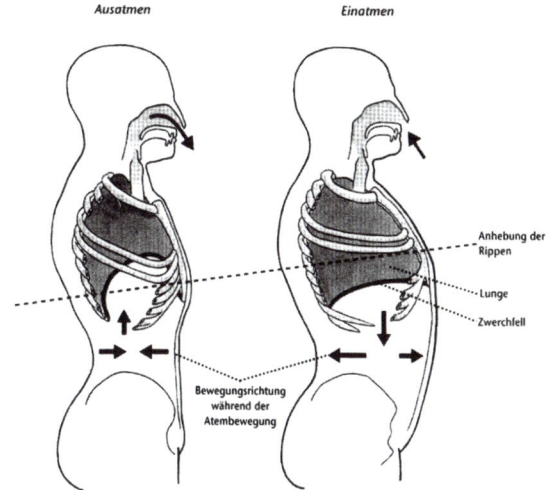

Abb.: Atembewegung. Aus: Myer, Billi: vocal basics. Der Weg vom Sprechen zum Singen. Brühl: AMA, 1997, S. 15

Hechel-Übung
Zur Aktivierung und Lockerung der Atemmuskulatur und Vertiefung der Atmung. Anschließend wird Ihre Stimme voller, satter und sonorer klingen.
1. Öffnen Sie Ihren Mund, lassen Sie den Kiefer hängen, als ob Sie keine Kaumuskeln hätten (wie eine Marionette).
2. Strecken Sie die Zunge weit heraus.
3. Stoßen Sie den Atem aus, indem Sie einen zuckungsartigen Impuls in die Bauchdecke geben.
4. Lassen Sie die Bauchdecke zurückschnellen.

> 5. Wechseln Sie zwischen Punkt 3. und 4. mit zunehmendem Tempo.
> 6. Achten Sie unbedingt auf eine gleichmäßige Bewegung Sollte der Bewegungsablauf stocken oder ungleichmäßig sein, verlangsamen Sie das Tempo oder befassen sich zunächst mit anderen Atemübungen.

„Aus dem Bauch heraus"

sprechen ist eine Redewendung, die so zutreffend ist wie die meisten Redewendungen, wenn man sie richtig betrachtet. Der natürliche Rede-Impuls wird durch die Bauchmuskulatur in Kraft umgesetzt, welche den Antrieb für die Stimme bildet. Dabei wird der Atem der Intention gemäß aus der Lunge gedrückt. Aus dem Bauch heraus reden oder handeln wir, wenn unsere Emotionen und Gedanken eins werden und sich (ver-) äußern. Man spricht auch von „Bauch-Entscheidungen" und „Kopf-Entscheidungen". Hier wird die Polarisierung und die Teilung unseres Selbst deutlich. Optimal sind sicherlich ganzheitliche, ausgeglichene „Komplett-Entscheidungen", die sowohl den Intellekt als auch die Emotion einschließen.

Sympathie

vermittelt sich insbesondere durch unseren Atem. Legen Sie viel Atem in die Stimme, wirkt das angenehm, vertraut, intim – je nach Intensität. Eine atemlose Stimme vermittelt Vorbehalt, Misstrauen, Distanz. Wir können den Atem so beeinflussen, dass wir willkürliche

Emotionen beim Zuhörer (und bei uns selbst!) auslösen. Wir können den Atem von unseren Gedanken getrennt steuern: Wir fassen Gedanken und äußern sie bewusst warm oder bestimmt, freundlich oder sachlich, indem wir mehr oder weniger Atem strömen lassen. (Siehe hierzu Abb. „Klangprozesse", S. 48)

Extrovertiert – Introvertiert
Unser Sprechen ist extrovertiert, d. h. nach außen gerichtet. Demnach wird beim Stimmtraining gezielt der Ausdruck verstärkt, um beim Adressaten mehr Eindruck zu machen. Sorgen Sie aber auch für sich selbst, indem Sie sich entspannen, zu sich kommen, in sich gehen und auftanken.

> **Übung: Stuhl-Entspannung und Sammlung**
> Mit dieser Übung können Sie sich in 5–10 Minuten entspannen und zu sich kommen, um erfrischt und konzentriert in eine neue Situation zu gehen.
> 1. Setzen Sie sich auf einen Stuhl, sodass Sie Ihre Sitzknochen spüren und durch das Kippen Ihres Beckens nach vorn und hinten Ihren Oberkörper ausbalancieren können.
> 2. Schließen Sie die Augen, lassen Sie den Kopf hängen und den Brustkorb einsacken.
> 3. Nun machen Sie das umgekehrte Pusten, also Schlürfen oder Ansaugen der Luft durch die gespitzten Lippen.
> 4. Wenn der Atem in Ihre Lunge strömt, richten Sie sich auf, bis Ihr Rückgrat gut aufgerichtet ist.
> 5. Halten Sie den Atem für etwa vier Sekunden an und lassen Sie sich dann mit dem ausströmenden Atem wieder zusammensinken.

> 6. Geben Sie Ihrem Atem nach Lust und Laune einen Seufzer oder ein entspanntes „Aah" mit.
> 7. Sobald Sie den natürlichen Einatemimpuls verspüren, richten Sie sich wieder auf wie oben beschrieben.

Achten Sie stets auf lockere Schultern, sie sollen sich nicht heben, da sich sonst leicht Nacken und Kehle verspannen. Die Hände können locker im Schoß liegen oder an den Körperseiten herunterhängen.

Wer das Gefühl von zu kurzem Atem oder Beklemmungen hat, atmet meist zu flach und zu viel ein. Benutzen Sie nur die in der Lunge befindliche Luft zum Sprechen, ohne zusätzlich Luft zu holen! Geben Sie Ihrer Stimme mehr Atemluft und Sie wirken sympathischer.

2.3 Die Stimme

Unsere Stimme verrät uns – und das ist gut! Die Stimme ist wesentlicher Bestandteil unserer Kommunikation und gleichsam der Schlüssel, diese zu verbessern. Die Stimme entsteht in jedem Moment, da wir uns äußern wollen, neu. Alle erforderlichen Muskeln werden innerviert, der Atem strömt aus und die Stimmbänder geraten in Schwingung. Klang entsteht, welcher durch Resonanzräume verstärkt wird. Dieses „Rohmaterial" wird durch Modulation zu Vokalen geformt, welche die

Grundlage unserer Sprache bilden. Die Stimmlippen (ugs. Stimmbänder) machen im Prinzip das Gleiche wie unsere Mundlippen, wenn wir sie in Schwingung versetzen.

> **Übung: Lippenbewegung**
> Zur Bewusstmachung des Stimmgebungsprozesses und zur Lockerung und Aktivierung der Mundlippen.
> 1. Schließen Sie die Lippen des Mundes, als wollten Sie ein „b" artikulieren, und geben dann den Impuls „Atem ausströmen!". Es entsteht ein „bbbbb" ähnlich einem Motorengeräusch.
> 2. Erhöhen Sie nun die innere Spannung der Lippen, ziehen diese breit und versuchen, die Höhe des entstehenden „Tones" zu beeinflussen.

Sie werden feststellen, dass durch ein Breitziehen und Stilllegen eines Teils der Lippen die Tonhöhe steigt und durch ein Nachlassen der Spannung die Lippen einen tieferen Ton erzeugen, indem sie in ihrer ganzen Länge und Masse schwingen.

Gelöst sprechen

Die Stimme funktioniert am besten, wenn wir die Kontrolle aufgeben. Bei Betrunkenen kann man beispielsweise beobachten, wie ungehemmt und kraftvoll die Stimme klingen kann, wenn man das Denken abschaltet. Nun möchte ich keinesfalls empfehlen, sich Mut an – oder Hemmungen wegzutrinken. Das geht auf Dauer nicht gut. Es gibt zum Glück auch andere Möglichkeiten: Das Gähnen ist sicherlich die günstigste und gesündeste! Wenn man so richtig genüsslich gähnt, weiten sich Mund und Rachen, krampfhafte Gedanken werden gelöst und die Stimme wird in Bereitschaft gebracht! Suchen Sie außerdem nach Wegen, Ihre Emotionen zuzulassen und in Ihren Reden auszudrücken. Die Stimme versagt leicht ihren Dienst, wenn das Gesagte in starkem Kontrast zu den eigenen Emotionen steht!

Nebelhorn-Übung
Diese Übung macht Ihnen den Atem in der Stimme bewusst, Sie lernen Atem und Stimme getrennt voneinander wahrzunehmen und zu steuern.
1. Stoßen Sie den Atem aus, als wollten Sie eine Kerze ausblasen. Versuchen Sie jedoch, den Atem nicht in einem kurzen Stoß schnell loszuwerden, sondern gleichmäßig über einen längeren Zeitraum zu verteilen.
2. Stellen Sie sich vor, Ihr Atem sei ein sichtbarer Fluss blauen Wassers. Sehen Sie zu, wie es aus Ihrem Munde strömt.
3. Nun stellen Sie sich Schiffe vor, die Sie auf Ihrem kleinen Fluss fahren lassen: Diese Schiffe tuten abwechselnd wie das Signalhorn eines Ozeandampfers: „Föööh", „föööh"..
4. Das Tuten setzt ein und aus: Der Fluss strömt weiter – nur der Ton hört auf zu klingen.
5. Wechseln Sie zwischen Atemstrom und Klangstrom – Pusten und Tönen.
6. Variieren Sie Tonhöhe, Dauer und Stärke.

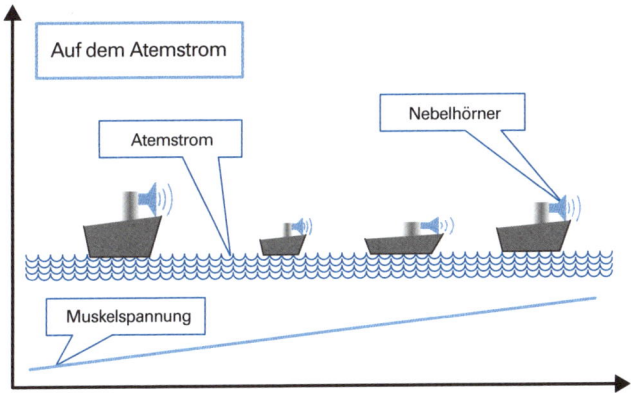

Abb.: Auf dem Atemstrom. Anno Lauten (2007)

> **Ton-Übung**
> Durch diese Übung lernen Sie neue Klangqualitäten und die Flexibilität Ihrer Stimme kennen.
> Stellen Sie sich vor, der „Ton sei Ton". Der Klang Ihrer Stimme sei eine elastische Masse, welche Sie mit Ihren Händen fassen und formen können. Nehmen Sie den Ton (sinnbildlich) in beide Hände und modellieren Sie! Versuchen Sie mit Ziehen, Kneten, Drücken und Dehnen, mal geschwind und mal bedächtig, die Stimme zu modulieren: tief – hoch, langsam – schnell, leise – laut.

Wahrnehmung der Stimme

Die Wahrnehmung der Stimme spiegelt sich in Redensarten wie „Der redet im vollen Brustton der Überzeugung", „Da verschlägt's einem die Stimme", „Da bleibt einem das Wort im Halse stecken" u. a. m. Meist richten wir unsere Aufmerksamkeit erst dann bewusst auf unsere Stimme, wenn sie ihren „Dienst" versagt oder das Unbehagen beim Sprechen zur psychischen Belastung wird. Wir nehmen aber auch wahr, wenn jemand anderes eine besonders kräftige, angenehme oder auffällige Stimme hat.

Sehr interessant ist der Aspekt der Selbstwahrnehmung der eigenen Stimme und der Wahrnehmung der eigenen Stimme durch andere. Grundsätzlich ist es so, dass wir unsere eigene Stimme wahrnehmen in einer Mischung aus Körperklang (Knochenleitung und Resonanzen) und Raumklang. Andere Menschen hingegen nehmen unsere Stimme lediglich im Raum wahr, d. h. ohne die Körperempfindung. So können wir sie höchstens annähernd über Audio- oder Videoaufzeichnung wahrnehmen. Und den Effekt kennt wohl jeder: Wenn man die ersten Male die eigene Stimme von der Anrufbeantworter-Ansage oder einer sonstigen Tonaufnahme vernimmt, kommt man sich ganz fremd vor. Meist muss man sich erst mal von diesem Klangbild distanzieren, bis man sich schließlich damit angefreundet hat: Das ist meine Stimme, das bin ich so, wie die anderen mich hören!

Geben Sie so viel Sie können!
Nur dann bekommen Sie die größtmögliche Resonanz! Einteilen, Sparen oder gar Zurückhalten hat immer den Effekt, dass man Ihnen mit Vorsicht, Zurückhaltung und Vorbehalt begegnet. Geben Sie, so empfangen Sie auch! Und zwar im doppelten Sinn: Wenn Sie bewusst

etwas geben, so wird es vom Auditorium empfangen, und Sie wiederum empfangen, was zurückgesendet wird. Geben Sie gerne, so werden Sie beachtet, angenommen und bestätigt.

Jedoch alles am rechten Platz: Zu viel Überschwänglichkeit kann auch aufgesetzt wirken oder einfach fehl am Platz. Probieren Sie es in alltäglichen Situationen aus, es darf sicher „a bisserl mehr" sein, als Sie's gewohnt sind.

Die Stimme ist abhängig von der freien und kraftvollen Atemfunktion, diese ist abhängig von der stabilflexiblen Körperaufrichtung, welche ihrerseits abhängt von einer aufrichtigen inneren Haltung.

- *Bewegen Sie sich bewusst, achten Sie auf gute Haltung und bequeme Kleidung (besonders im Bauchbereich).*
- *Gewöhnen Sie sich an Ihren Stimmklang, indem Sie häufiger Tonaufzeichnungen von sich anhören.*
- *Lassen Sie Emotionen in Ihren Alltag und Ihre Reden einfließen.*

Wir können lernen, die eigene Stimme intensiver wahrzunehmen und zu trainieren. So steigern wir unsere Ausdrucksmöglichkeiten und die Wirkung auf andere.

30 MINUTEN

Kann Sprache mehr als Worte?
Seite 35

Was macht Sprache verständlich?
Seite 36

Was wollen Sie mit dem Sprechen erreichen?
Seite 43

3. Sprache

„Das Verständlichste an der Sprache ist nicht das Wort selbst, sondern Ton, Stärke, Modulation, Tempo, mit denen eine Reihe von Wörtern gesprochen wird, kurz, die Musik hinter den Worten, die Leidenschaft hinter dieser Musik, die Person hinter dieser Leidenschaft: Alles das also, was nicht geschrieben werden kann."

Friedrich Nietzsche

Die Sprache (Hochsprache, Dialektfärbung) und auch die Aussprache (deutliche, harte oder weiche Artikulation) haben eine nicht zu unterschätzende Wirkung. Sie können Ihre Reden und Ihre sympathische Ausstrahlung stärken oder auch schwächen. Es gilt, für jeden Anlass die am besten passende Sprache und Aussprache zu wählen, doch dabei gleichzeitig authentisch zu bleiben.

3.1 Redefluss

Dieses Bild sollte man ruhig wörtlich nehmen. Manche Menschen reden wie ein Wasserfall, bei anderen hat man den Eindruck, sie stochern in einem trüben Tümpel. Der

Vergleich mit Wasser bietet sich an, denn frisches Wasser muss fließen, strömen! Genau wie unsere Gedanken und unser Atem. Stellen Sie sich beim Üben und Vorbereiten Ihrer Vorträge fließendes Wasser vor: Das kann ein kecker Bach oder ein majestätischer Strom sein. Manchmal möchte man wichtige Wörter im Satz hervorheben. Dabei sollte uns aber stets bewusst sein, dass sich die Aussage nur durch den zusammenhängenden Sprachfluss vermittelt, nicht durch das einzelne Wort!

Wasser muss fließen. So auch der Atem und der Redefluss. Achten Sie auf eine sinnvolle Akzentuierung der Wörter im Redezusammenhang.

3.2 Artikulation

Artikulation ist sehr wichtig, nur leider wird sie bisweilen übertrieben. Dadurch wird das Gegenteil des gewünschten Effekts erzielt. Mit einer deutlichen Artikulation wollen wir die Textverständlichkeit und damit die Aufnahmebereitschaft des Publikums steigern. Häufig wird jedoch durch eine übertriebene Artikulation erreicht, dass die Kehlkopfmuskulatur verspannt wird und dadurch die Stimmlippen nicht frei schwingen können. Das hat zur Folge, dass der Klangstrom, unsere Stimme, unterbrochen wird und dünn und mitunter angestrengt klingt. Die Tragfähigkeit der Stimme und damit auch die Textverständlichkeit gehen verloren.

Wichtig ist, dass wir die Zähne auseinander bekommen, damit der Redefluss ausströmen kann, und dabei die Lippen und die Kiefermuskulatur locker lassen. Locker lassen hört sich so einfach an, bedeutet aber für die meisten von uns, dass wir anfangs das Gefühl haben, den Mund aufzureißen. Wir müssen erst wieder lernen, wie Kinder weit zu gähnen oder den Kiefer hängen zu lassen.

> **Korken-Übung**
> Durch diese Übung erzielen Sie mehr Volumen und eine deutlichere, unverkrampfte Artikulation. Sprechen Sie Ihren Text, Ihren Vortrag, Ihre Rede, indem Sie einen Sektkorken oder Textmarker locker mit den Zähnen halten, um ein Gefühl für mehr (Resonanz-) Raum im Mund zu bekommen. Nicht „verbissen", denken Sie zwischendurch an Gähnen!

Die folgende Übung verschafft Ihnen einen resonanz- und obertonreichen Stimmklang, welcher zu mehr Präsenz und Tragfähigkeit führt.

> **Stift-Übung**
> 1. Legen Sie einen Bleistift oder Stabilo point 88 (ein ideales Hilfsmittel für das Stimmtraining) quer in den Mund und halten ihn leicht mit den Eckzähnen. Nicht zubeißen, sondern den Unterkiefer locker halten, sodass der Stift eben nicht herausfällt.
> 2. Sprechen Sie in hohem Bogen etliche Male „mi", „ni", „gi" über den Stift. Das sollte ohne Anstrengung gehen und darf nach Sirene klingen.

> 3. Wie Punkt 2, denken Sie nun dabei an Gähnen.
> 4. Sprechen Sie jetzt Ihren Text leise und ohne Anstrengung, indem Sie die Worte, den Klangstrom, über den Stift leiten.
> 5. Sprechen Sie anschließend den gleichen Text ohne Stift – Sie werden den Unterschied schnell feststellen.

Der Stimmsitz (Klang) wird präsenter und tragfähiger. Außerdem erhalten Sie mehr Klangfülle, da der Kiefer geöffnet bleibt.
Tipp: Machen Sie eine Tonbandaufzeichnung, dann können Sie den Vorher-Nachher-Effekt feststellen.

Artikulationswerkzeuge

Zunge, Lippen, Zähne, Unterkiefer werden „Artikulationswerkzeuge" genannt. Mithilfe ihrer Einwirkung werden die Ton-Masse geformt, der Klangstrom unterteilt, der Atem gestaut und Zischlaute erzeugt.

Zunge

Unsere Zunge spielt eine weit wichtigere Rolle in der Lautbildung, als uns normalerweise bewusst ist. Denken Sie an Ihre Zunge: Was sehen Sie? Wahrscheinlich Ihre Zungenspitze, den kleinen Teil des Zungen-Muskel-Komplexes, den man auch herausstrecken kann. Stellen Sie sich die Zunge einmal in ihrer Gänze vor: Die Wurzel reicht hinab bis zum Kehlkopf.

> **Zungen-Übung**
> Zur Erkundung des Klangraumes Mund und zur Steigerung der Beweglichkeit der Zunge. Sie verbessern damit auf Dauer Ihre Artikulation.
> 1. Gleiten Sie einige Male langsam mit Ihrer Zungenspitze von den oberen Schneidezähnen entlang des Gaumens so weit nach hinten wie möglich und zurück.
> 2. Strecken Sie die Zunge raus, so weit wie möglich, und betrachten Sie sich dabei im Spiegel.
> 3. Machen Sie weiterhin mit Ihrer Zunge, was Sie können: Röllchen, Links-Drehung, Rechts-Drehung, Schlecken, Schlabbern ... (Muskelkater nicht ausgeschlossen!)
> 4. Machen Sie das Gleiche, indem Sie einen beliebigen Ton erklingen lassen, und beobachten Sie die klangliche Auswirkung.

Lippen

Die Lippen (des Mundes, nicht die Stimmlippen) sollten entspannt sein und lediglich zur Formung der Vokale „o" und „u" sowie zur Produktion der Konsonanten „b", „f", „m", „p", „v", „w", „y" benutzt werden.

Zähne/Unterkiefer

Der Unterkiefer sollte sehr beweglich sein und die Zähne sollten sich nie berühren, schon gar nicht zusammengebissen werden, denn der Atem-Stimm-Klang-Fluss soll ja möglichst ungehindert hindurchströmen.

> **Übung: Dra Chanasan mat dam Kantrabass**
> Dieses lustige Kinderlied ist eine wunderbare Übung, um Vokalen im Wettstreit mit den Konsonanten zu besonderer Aufmerksamkeit und größtmöglichem Klang zu verhelfen:
> Dra Chanasan mat dam Kantrabass
> Saßan af da Straßa and arzaltan sach was.
> Da kam da Palaza, sagt: „Was ast dann das?"
> Dra Chanasan mat dam Kantrabass!
> Tauschen Sie den Vokal „a" der Reihe nach gegen jeden weiteren, auch Umlaute nicht vergessen! Formen Sie den jeweiligen Vokal plastisch und klangvoll und haben Sie viel Spaß dabei!

Tipp: Auch diese Übung lässt sich hervorragend mit der Stift-Übung oder der Korken-Übung kombinieren!

Vokale

Vokale sind die Träger der Sprache. Sie werden aus dem „Rohstoff Ton" geformt und sind wichtigster Bestandteil der Tragfähigkeit unserer Stimme. Vokale brauchen (Mund-)Raum zum Klingen, zum Resonieren und eine Öffnung, um nach außen zu tönen. Das bedeutet, dass bei wenig geöffnetem Mund auch nur wenig Klang herauskommen kann. Vokale sollten gut ausgeprägt werden, damit sie sich deutlich unterscheiden. Außerdem erleichtern gut geformte Vokale in Verbindung mit der richtigen Mundeinstellung den Umgang mit den Konsonanten.

Konsonanten

Konsonanten sind tückische Impulsgeber. Tückisch

deshalb: Sie engen den Atem-Rede-Fluss ein und unterbrechen ihn sogar mitunter. In der deutschen Sprache werden sie häufig zu hart und einschneidend ausgesprochen. Daher ist es wichtig, Konsonanten mit dem Atem weich zu artikulieren und nach Möglichkeit durchklingen zu lassen. Als Impulsgeber oder „Sprungbrett" für Vokale sind sie bedeutsam bei der Sprachgestaltung. Man kann sie auch zu lautmalerischen Zwecken benutzen: Zum Beispiel „Rrrrrrrrrrr" als das Brüllen eines Löwen oder Motorengeräusch, „Schschschsch" als das Rauschen der Blätter oder des Meeres. Explosive Konsonanten wie „k", „g", „p", „b", „t" und „d" können wir nutzen, um den jeweils nachfolgenden Vokal zu betonen – nicht etwa den Staulaut selber! Die nächste Übung soll Ihnen helfen, sich den Sprachfluss bewusst zu machen.

Übung: Artikulation
1. Stellen Sie sich vor, Ihre Zunge sei ein Flussbett und der Atem der Fluss.
2. Aus der Quelle Ihrer Brust dringt der Atem hervor und die Vokale (und Konsonanten) sind die verschiedenartigen Ausprägungen und Klippen des Flussbettes.
3. Lassen Sie den Atem strömen und formen Sie zunächst jeden Vokal einzeln: A – E – I – O – U.
4. Probieren Sie auch die Vokalreihe A – E – I – E – A und versuchen Sie dabei die Lippen entspannt zu lassen und den Kiefer möglichst wenig zu bewegen.

5. Nun artikulieren Sie A – O – U – O – A. Beim O formen sich die Lippen rund, zum U hin verkleinert sich der Lippenring, um sich im weiteren Verlauf wieder zu öffnen.
6. Bauen Sie nun die Klippen ein in Form der stauenden Konsonanten b – d – g – k – p – t oder klingenden Konsonanten l – m – n – r – s – w oder strömenden Konsonanten f – s – ch – sch.
   - A-b-A-d-A-g-A-k-A-p-A-t-A
   - A-f-A-s-A-ch-A-sch-A-h-A
   - A-l-A-m-A-n-A-r-A-s-A-w-A
7. Lassen Sie den Atem durchströmen und den Vokal weitestgehend „durchklingen". Das heißt, der Atem fließt fast ohne Unterbrechung. Die nötige Klangunterbrechung durch die Verschlusslaute (b, d, g, k, p, t) und Reibelaute (f, s, ch, sch, h) sollte so kurz wie möglich sein. Die sogenannten Klinger (l, m, n, ng) und stimmhaften Konsonanten (r, s, w) sollten tatsächlich klingen oder vibrieren. Senken Sie den Kiefer bei jedem Vokal so weit wie möglich ab.
8. Ersetzen Sie in den obigen Reihen jeweils das A durch die übrigen Vokale und Umlaute.

Eine gute Artikulation ergibt sich aus einer lockeren Kieferhaltung, möglichst viel Resonanzraum und dem bewussten, ausgeprägten Umgang mit Vokalen und Konsonanten.

3.3 Pausen

Pausen sind sehr wichtig, auch beim Reden:
- Pausen sind gleichwertig dem gesprochenen Wort.
- Pausen dienen der Spannungssteigerung oder der Entspannung.
- Pausen dienen der Inspiration!

Inspiration = geistige Eingebung und zugleich Einatmung. Inspiration ist Voraussetzung für den Impuls, weiterzusprechen.

In Redepausen geben wir dem Hörer Gelegenheit, das Gesagte vor dem inneren Auge zu generieren, Gedanken und Gefühle nachzuvollziehen, Bilder entstehen zu lassen. Das, was der Hörer selber tut, was er verknüpfen kann mit eigenen Bildern, Gefühlen, Erlebnissen und Erfahrungen – das ist es, was nachhaltig „hängen" bleibt!

Fahren Sie Auto?

Können Sie sich vorstellen, einen Motor optimal zu nutzen, ohne zu schalten? Schalten, ohne zu kuppeln? Angewandt auf die Stimme sind das die Pausen, die unser Motor braucht, um das Sprechen optimal zu realisieren. Die Kraft und Wirkung der Stimme hängt ganz entscheidend von unserem Motor und dessen Getriebe ab. Der Motor ist unsere Bauchmuskulatur, welche durch unsere Intention und innere Überzeugung gesteuert wird. Das Getriebe ist der Stimmapparat: das differenzierte Zusammenspiel von Haltungs-, Atem- und

Stimm-/Kehlkopfmuskulatur. Ist auch nur ein Ritzel, ein Rädchen beschädigt oder das Getriebe nicht gut geschmiert, so kann der Motor seine Kraft nicht voll umsetzen: Der Wirkungsgrad sinkt.

Micro-Pausen
Machen Sie also viele Pausen. Nur Mut! Machen Sie Micro-Pausen bei jedem (!) Satzzeichen, zwischen den Sätzen oder einzelnen Abschnitten, zwischen Arbeitsabschnitten, während des gesamten Tagesablaufes. Während das einzelne Wort häufig nicht behalten wird, verstärken Pausen den Eindruck des Gesagten. Der Satz klingt nach. Bei bewussten und längeren Pausen (oftmals nur Sekundenbruchteile) können Sie sich beim Blick ins Publikum vergewissern, ob das Gesagte angekommen ist.

> **Pausen-Übung**
> Mit dieser Übung wird es Ihnen leichtfallen, Pausen zu machen und den Impuls zum Weitertönen (-sprechen) zu empfinden.
> 1. Machen Sie gleichmäßige Schritte, etwa wie bei einem Spaziergang.
> 2. Lassen Sie je drei Schritte lang Ihren Eigenton klingen.
> 3. Auf dem vierten Schritt machen Sie eine Micro-Pause und lassen sich inspirieren.
> 4. Tun Sie das Gleiche, indem Sie einen Satz auf die drei Schritte sprechen, zum Beispiel „Ich bin heute froh!"
> 5. Variieren Sie das Tempo und achten Sie stets auf das Abspannen während der Pause.
> 6. Versuchen Sie es nun ohne Schritte.

Micro-Pausen sind kleinstmögliche Pausen, deren wesentliches Merkmal das Abspannen ist. Abspannen bedeutet das Auflösen der Sprechspannung, insbesondere in der Atem- (Bauch-)Muskulatur. Micro-Pausen sollten Sie während des Redens und der Arbeit stets Raum schenken.

3.4 Dynamisches Sprechen

Dynamisches Sprechen macht Reden interessant. Dynamik (Schwung, Triebkraft, Elan) erzielen wir durch folgende Komponenten:

1. Lautstärke: leise – laut
2. Tempo: langsam – schnell
3. Modulation: tief – hoch

Einzelne Worte oder Passagen einer Rede können, im Flüsterton vorgetragen, die Aufmerksamkeit im gleichen Maße erhöhen wie mehr Intensität und Nachdruck.

Spannung und Dramatik steigern wir, indem wir mit dem Tempo spielen und bewusst breit (langsam) sprechen, um dann mit erhöhter Geschwindigkeit fortzufahren. Zudem kann der bewusste Einsatz verschiedener Stimmlagen ganze Textabschnitte voneinander abheben.

> **Übung: Betonung**
> Wenn Sie diese Übung machen, wird Ihnen bewusst, wie wichtig die Betonung für die Intention Ihrer Botschaft ist. Sprechen Sie den folgenden Satz mit wandernder Betonung:
> **Ich** habe heute Nachmittag Zeit.
> Ich *habe* heute Nachmittag Zeit.
> Ich habe *heute* Nachmittag Zeit.
> Ich habe heute *Nachmittag* Zeit.
> Ich habe heute Nachmittag *Zeit*.

Sie werden feststellen, dass sich der Sinn dieser Aussage wandelt. Je bewusster und deutlicher Sie die Betonung setzen, umso klarer und leichter erfassbar wird die Aussage für den Zuhörer. Modulation und passende Betonung im gesamten Vortrag erhöhen die Verständlichkeit und verdeutlichen die Zusammenhänge. Lassen Sie während des Redens Bilder vor dem inneren Auge entstehen! Bei abstrakten Inhalten kann man sich vorstellen, man schriebe jeden gesprochenen Satz in Schönschrift an eine Tafel.

Übung: Dynamik
Diese Übung verhilft Ihnen zu einer lebendigen Textgestaltung. Sie erleichtert Ihnen selbst die Gliederung und Ihren Zuhörern das Nachvollziehen Ihrer Gedanken.
1. Nehmen Sie einen beliebigen Text von 100 bis 200 Wörtern und lesen Sie ihn mehrfach unter Berücksichtigung jeweils einer der drei Komponenten Lautstärke, Tempo und Modulation.
2. Versuchen Sie, die einzelnen Komponenten abzuwechseln. Sprechen Sie eine Passage sehr leise, die nächste schnell. Dann eine langsam, eine in tiefer Stimmlage etc.
3. Versuchen Sie, die einzelnen Komponenten miteinander zu kombinieren. Sprechen Sie beispielsweise einen Satz anfangs leise und langsam, steigern Sie dann die Lautstärke und schließlich das Tempo. Im nächsten Satz beginnen Sie in hoher Stimmlage laut und werden dann tiefer, leiser und wieder lauter etc.

Achtung! Gerade wenn man schnell spricht, sollte man darauf achten, dass die Pausen nicht zu kurz kommen. Übertreiben Sie ruhig beim Üben.

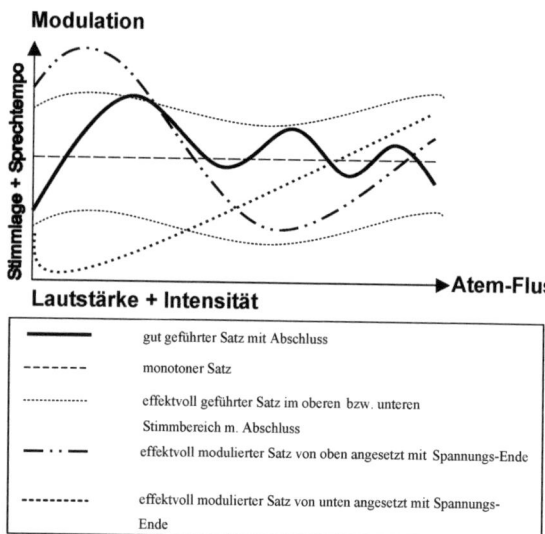

Abb.: Klangprozesse. Anno Lauten (2006)

Hinweis: Diese Darstellung ist natürlich beispielhaft und nicht absolut gültig. Natürlich sind die Auf- und Abbewegungen u. a. vom Satzbau und der Satzlänge abhängig.

Dynamische Reden sind lebendig und erzielen nachhaltige Aufmerksamkeit. Üben Sie die Mittel zur dynamischen Gestaltung wie Tempo, Lautstärke, Modulation. Der Atem- und Klangstrom soll immer fließen, so wie Ihr Herz pulsiert und Ihr ganzer Körper mit ihm.

- *Die Artikulation und Lautbildung soll plastisch, räumlich und organisch sein.*
- *Micro-Pausen sind Grundlage gut funktionierender Atmung und Stimmgebung.*
- *Dynamik macht Ihre Sprache interessant und nachvollziehbar.*

30 MINUTEN

Wie gehen Sie mit Lampenfieber um?
Seite 51

Wie können Sie sich mit dem Raum vertraut machen?
Seite 54

Wie wählen Sie die passende Kleidung aus?
Seite 55

4. Vor dem Auftritt

Wer gut auftritt, hinterlässt einen starken Eindruck! Grundsätzlich gilt: „Hier bin ich und ich bin gerne hier mit Ihnen!" Das ist eine gute Devise, wenn Sie vor Ihr Publikum treten. Auch wenn an Sie hohe Erwartungen gerichtet werden, Menschen wollen sich grundsätzlich angenommen und verbunden fühlen!

4.1 Lampenfieber

Sollten Sie mal den Faden verlieren oder einen Text vergessen: Bleiben Sie bei sich. Nehmen Sie sich Zeit. Niemand wird Sie als peinlich empfinden, solange Sie etwas zu sagen haben, wozu Sie stehen können, und Sie in Kontakt mit sich selbst und dem Publikum bleiben. Bedenken Sie: Sie haben etwas Wichtiges mitzuteilen: Ihre Informationen und Emotionen! Außerdem: Was Sie wissen, weiß längst nicht jeder.

Herzklopfen

Sie haben das Gefühl, Ihr Herz schlägt bis zum Hals? Sie bekommen Beklemmungen oder Schweißausbrüche? Was könnte Schlimmes passieren? Sie könnten den Faden verlieren, wichtige Punkte vergessen, nicht die richtigen Worte finden – ein Blackout. Aber ist das wahrscheinlich? Die Aufregung kommt aus einer Verkettung von Angst, negativen Erfahrungen u. a. zustande. Alles ist gut, solange Sie wahrhaftig, d. h. bei sich sind. Konzentrieren Sie sich auf Ihren Atem. Atmen Sie ruhig und lange aus. Freunden Sie sich mit dem Gedanken an, sich vor den Menschen wohlzufühlen. Schauen Sie in die Gesichter und bauen Sie eine Verbindung zu den Leuten auf.

Blickkontakt

Suchen Sie sich mindestens drei Punkte (rechts, links, Mitte), bei denen Sie mit dem Blick verweilen und einen Anker finden können. Das sollten optimalerweise freundliche Gesichter sein, können aber auch Vorhänge, Bilder oder sonstige Punkte im Raum sein. Sie müssen Menschen nicht direkt in die Augen schauen, wenn Sie dies irritiert. Es genügt, wenn Sie Ihren Blick knapp oberhalb der Augen ruhen lassen. Ab zwei Sekunden Blickkontakt fühlt man sich gesehen.

Blickkontakt beim abgelesenen Vortrag

Faustregel: Sobald Sie den letzten Satzteil bis zum Punkt erfasst haben, heben Sie den Blick und halten

Kontakt mit *einer* Person. Das machen Sie am Ende eines *jeden* Satzes, am Ende eines Abschnitts etwas länger. Vermeiden Sie unbedingt das unruhig und unsicher wirkende auf- und abschauen mitten im Satz. Auch hier gilt: Weniger ist mehr!

Trockener Mund, Hungergefühl

Das kennt fast jeder: Man steht vor dem Auditorium und hat plötzlich einen ausgetrockneten Mund oder Rachen. Was tun? Man kann meist durchaus etwas trinken, ohne dass es stört (am besten klares Wasser ohne Kohlensäure). In der Not hilft: An den Biss in eine Zitrone denken oder auf die Zunge beißen: Mit Schneide- oder Backenzähnen die Zunge leicht kauend bearbeiten. Das regt die Speichelproduktion an und fällt kaum auf. Mit vollem Magen redet es sich nicht gut. Man ist träge und die „Atemstütze" der Stimme funktioniert nicht unbeschwert in vollem Umfang. Man sollte einige Stunden Abstand zur letzten größeren Mahlzeit wahren. Bei Hungergefühl empfiehlt sich der Verzehr einer Banane.

Nichts auf der Welt kann Sie in eine peinliche Situation bringen, solange Sie in Kontakt mit sich selbst und dem Publikum sind! Bleiben Sie ruhig und Sie finden Hilfe, z. B. in Ihrem Manuskript oder bei Ihnen gewogenen Zuhörern.

4.2 Der Raum

Jeder Raum ist anders, hat eine eigene Atmosphäre und Akustik. Schauspieler und Sänger machen Klangproben oder Soundchecks, wenn sie eine Bühne inspizieren. Nehmen auch Sie sich die Zeit, Ihre Stimme im Raum erklingen zu lassen – egal ob mit oder ohne Mikrofon. Sprechen Sie einige Zeit, bis Ihnen der Raumklang angenehm ist. Oft kann man schon durch eine kleine Veränderung der eigenen Position oder Sprechrichtung mehr Resonanz erzielen und fühlt sich dadurch sicherer. Glatte Wände oder Fenster reflektieren den Schall viel deutlicher als Vorhänge oder Möbel. Besonders Menschen „schlucken" eine Menge Schall. Auch diese Tatsache kann zu Irritationen führen, und Sie sollten vermeiden, zu forcieren, d. h. Ihre Stimme übermäßig laut „aufzudrehen". Die Zuhörer werden Sie annähernd so gut verstehen, wie Sie sich im leeren Raum gehört haben, nur Sie selber bekommen nicht mehr so viel von Ihrer Stimme zurück.

30 *Machen Sie sich mit dem Raum vertraut, in welchem Sie sprechen werden, indem Sie eine Zeit lang so sprechen, als wären die Zuhörer schon da. Suchen Sie sich Fixpunkte, Anker im Raum: vorne, hinten, rechts, links und in der Mitte. Forcieren Sie nicht; wenn der Raum gefüllt ist, sprechen Sie mit genau der gleichen Lautstärke wie bei der Probe.*

4.3 Pult und Mikrofon

Machen Sie sich mit den technischen Gegebenheiten vertraut. Nicht nur mit dem Platz, von dem aus Sie reden werden, sondern auch mit der Technik:

- Wie ist das Licht für Ihr Manuskript und Ihre Person?
- Stimmen für Sie persönlich die Höhe und der Abstand des Pultes und des Mikros?
- Gibt es Schalter oder (Lautstärke-)Regler, die Sie bedienen können?
- Wer kann Ihnen helfen?
- Machen Sie eine Mikrofonprobe.
- Stellen Sie die passende Höhe am Stativ ein.

Machen Sie sich vor Ihrem Auftritt auch mit den technischen Voraussetzungen vertraut.

4.4 Kleidung

Kleider machen Leute! Die Kleidung sollte daher mit Bedacht dem Anlass gemäß gewählt werden. Mit einem Sakko oder Blazer wirkt man immer förmlicher und besser gekleidet als mit Pullover oder Bluse. Ein Anzug oder Kostüm ist überdies eine Art Panzer, er gewährt Schutz und Respekt. Allerdings können Sie durchaus Akzente setzen, persönlichen Stil beweisen. Im Übrigen ist es sehr wichtig, auf bequeme Kleidung zu achten!

Sehen Sie in Ihrer Kleidung hervorragend aus, fühlen sich aber dennoch unwohl, so kann Ihnen dieser Umstand als Inkompetenz oder Unsicherheit ausgelegt werden. Durch beengende Kleidung wird möglicherweise Ihre Bewegungsfreiheit eingeschränkt, was zu einer unnatürlichen Gestik führen kann. Außerdem behindert zu enge Kleidung die Muskeltätigkeit. Ein zu enger Hosenbund beeinträchtigt z. B. die Bauchmuskulatur. Atmung und Stimme können nicht gut funktionieren, und das wiederum hat negative Auswirkungen auf Ihre gesamte Präsentation.

Wählen Sie Ihre Kleidung stets dem Anlass entsprechend.
Dabei gilt: Sie sollen sich darin wohlfühlen.

4.5 Sekunden werden zu Stunden

Unmittelbar vor dem Vortrag ist Folgendes wichtig:
1. Konzentrieren Sie sich auf die Aussage Ihres Vortrags.
2. Gehen Sie zielstrebig zum Redeplatz.
3. Nehmen Sie in Ruhe die Grundhaltung ein.
4. Öffnen Sie sich und fühlen Sie sich wohl.
5. Erfassen Sie die Menschen mit aufrichtigem Blick.
6. Sammeln Sie sich, fassen Sie Ihre Gedanken.
7. Beginnen Sie!

Bei größeren Veranstaltungen können Sie nicht alle Menschen persönlich anschauen, um mit Ihrem Publikum in Kontakt zu treten. Lassen Sie Ihren Blick ruhig von links vorne nach links hinten, zur Mitte vorne und dann nach hinten rechts bis rechts vorne schweifen. Sie beschreiben damit die Form eines großen M und jeder fühlt sich wahrgenommen.

Sekunden fühlen sich in dieser exponierten Situation erhöhter Leistungsanforderung häufig an wie Stunden. Deshalb ist es wichtig, bewusst in die Situation hinein zu gehen und sich nicht von den spontanen Gefühlen zu Hektik und Oberflächlichkeit hinreißen zu lassen. Bedenken Sie, dass Ihr Körper sich auf die Situation einstellt, indem er geballte Energie bereitstellt. Nehmen Sie die erhöhte Herzfrequenz und den schnelleren Atem wahr, ohne sie unterdrücken zu wollen. Der souveräne Umgang mit der Aufregung und den inneren Nöten wirkt überzeugend. Es macht Sie sympathisch, wenn Ihre Zuhörer spüren, dass auch Sie nur ein Mensch sind!

Wo immer Sie auftreten: Sie sollen sich wohlfühlen im Sinne von richtig, am richtigen Platz!
- *Seien Sie stets in Kontakt mit sich selbst und Ihrem Publikum.*
- *Machen Sie sich frühzeitig mit den räumlichen und technischen Gegebenheiten vertraut.*
- *Wählen Sie Ihre Kleidung nach den drei Aspekten: Anlass, Aussehen, Angenehm.*

30 MINUTEN

Wie bringen Sie gekonnt Ihre Botschaft rüber?

Seite 59

Wie wirken Sie kompetent?

Seite 59

Wie viel Bewegung verträgt eine gute Gestik?

Seite 60

5. Der Auftritt

Sie haben sich optimal auf Ihren Auftritt vorbereitet? Sehr gut! Nun erfahren Sie, auf was Sie während des Auftritts besonders achten sollten.

5.1 Die Botschaft

Eine Botschaft sollten Sie unbedingt haben, wenn Sie mit oder vor anderen Menschen sprechen. Gehen Sie grundsätzlich davon aus: „Ich habe etwas zu geben, was andere brauchen können." Selten werden Sie sich in einer Situation wiederfinden, in der Sie etwas sagen sollen, was andere bereits besser wissen als Sie. In jedem Fall beruht das, was Sie mitteilen wollen, auf Ihren ganz persönlichen Erfahrungen. Gerade diese Nuancen sind für andere Menschen interessant.

Wissen und Kompetenz
Wissen sollte immer einhergehen mit Erfahrung und eigener Reflexion. Dieses Wissen motiviert uns zum Reden und Handeln. Was unterscheidet Wissen und Kompetenz? Kompetent kann man wirken, ohne fun-

diertes Wissen zu besitzen. Kompetenz vermittelt sich beispielsweise durch Fachterminologie und gute Rhetorik, besonders aber durch selbstsicheres Auftreten und eine sonore, unerschütterliche Stimme.

Konzentrieren Sie sich auf die Botschaft, die Sie vermitteln wollen. Bemühen Sie sich, diese klar darzustellen.

5.2 Mimik und Gestik

Eine natürliche, passende Gestik ergibt sich aus dem Gedanken- und Redefluss. Wenn wir offen und durchlässig sind, ergibt sich eine stimmige Mimik und Gestik, die das Gesagte unterstützt und verstärkt. Eine willkürlich gesteuerte Gestik wirkt künstlich und unbeholfen.
Tipp: Üben Sie Ihren Vortrag vor einem großen Spiegel oder einer Kamera mit Direktübertragung auf einen Monitor.

Lächeln

Ein Lächeln drückt Verbundenheit und Selbstsicherheit aus. In den meisten Fällen ist dies ein guter Ausgangspunkt für weitere Worte, auch wenn's zwischendurch mal ernst wird.

Aufpassen sollten Sie jedoch mit der Breitspannung, welche sich bei übertriebenem Lächeln (Grinsen) einstellen kann. Diese wirkt sich im Halsbereich auf den

Kehlkopf aus und kann zu Heiserkeit und Überanstrengung der Stimme führen. Achten Sie beim lächelnden Sprechen bitte auf ein entspanntes Gefühl bei der Stimmgebung. Beobachten Sie, ob und wie sich Ihr Stimmklang dabei verändert und wie sich das anfühlt.

> **Übung: Lächeln**
> 1. Lesen Sie den Text auf dieser Seite laut vor.
> 2. Erhöhen Sie dabei behutsam die Breitspannung Ihrer Mundlippen, indem Sie breit lächeln.
> 3. Entspannen Sie allmählich wieder, während Sie weiterlesen.
>
> Beachten Sie, dass der Stimmklang im Kern gleich bleiben sollte. Das Sprechen darf dadurch nicht anstrengender werden!

Aggression

Aggression hat, wie die positiven Emotionen, auch ihren Sinn. Wenn es zu kämpfen und hart zu überzeugen gilt, ist es legitim und überzeugend, den Worten durch aggressive Emotion und Gebärde Nachdruck zu verleihen. Allerdings sollte man sehr bewusst damit umgehen und gerade hier Pausen machen, um wahrnehmen zu können, wie das Gesagte wirkt: ob es noch im Rahmen ist oder bereits das rechte Maß überschreitet!

Übermitteln Sie Ihre Botschaft mit den zugehörigen Emotionen. Unterdrückte oder aufgesetzte Emotionen blockieren die Stimme und Sie wirken nicht überzeugend!

30 MINUTEN

Wie bringe ich meine Erkenntnisse im Alltag ein?

Seite 63

Was nützen mir Reflexe?

Seite 66

Wie kann ich den Trainingseffekt vertiefen?

Seite 73

6. Anregungen und Übungen

Im folgenden Kapitel stelle ich Ihnen eine Reihe zusätzlicher Anregungen und Übungen vor, um das Training noch gezielter und wirksamer zu gestalten.

6.1 Anregungen

Energiefluss-Analyse
Wie halten Sie sich, was bereitet Ihnen Unbehagen, was trennt Sie von/was verbindet Sie mit anderen? In welchen Situationen halten Sie den Atem bzw. die Luft an? Beobachten Sie sich in allen Lebenssituationen und -bereichen:

- beim Zähneputzen
- beim Autofahren
- beim Abwaschen
- beim Vortrag
- bei der Schreibtischarbeit
- bei körperlicher Anstrengung

- bei erhöhter Konzentration
- in Stresssituationen oder Situationen der Konfrontation
- im Gespräch mit Freunden oder dem Partner
- in der Diskothek
- im Gourmet-Restaurant
- etc.

Aber Vorsicht: Beobachten heißt nicht kontrollieren! Im Gegenteil: Man darf sich selber annehmen, wie man ist! Das ist der erste Schritt, um Veränderung und Verbesserung einzuleiten.

Außerdem ist Folgendes wichtig: Ziele formulieren und selbstbewusst darauf zugehen. Mit anderen in Kontakt treten, ohne sich selbst zu verlieren, „außer sich" zu geraten. Vereinbarungen treffen, bei denen man sich wohlfühlt. Kompromisse eingehen und dabei immer bei sich bleiben. Machen Sie sich stehende Begriffe zu eigen: „Farbe bekennen", „Position beziehen", „Stellung nehmen", „Haltung einnehmen", „aufrecht gehen", „Rückgrat beweisen" etc. Dabei stets den Atem, die Energie fließen lassen!

Stimmarbeit ist Persönlichkeitsarbeit

Die eigene Stimme, mit der man zunächst noch unzufrieden ist, kann gleichzeitig der Schlüssel zu innerer Befreiung, Selbsterkenntnis und Persönlichkeitsentfaltung sein. Durch die Arbeit an und mit der Stimme findet man im Ansatz innere Hemmungen und Blockaden und kann durch gezielte Übungen gleichsam den stimmlichen Ausdruck, die Sprachverständlichkeit, den Redefluss, die Atmung und das Wohlbefinden insgesamt verbessern. Hierbei helfen meditative, rhythmische oder impulsive Körperübungen.

Stimmarbeit bedeutet immer Auseinandersetzung mit sich selbst. Das ist spannend und bringt jeden in jedem Fall weiter! Modulationsfähigkeit, Vitalität und Spannkraft können nur durch gekoppeltes Persönlichkeitstraining erzielt werden. Dadurch entstehen automatisch auch eine stimmige Haltung, Mimik und Gestik. Man kann funktional die Stimme trainieren, Dialekt ausbügeln oder Aussprachefehler beheben, Klang und Volumen verbessern.

Loslassen

Versuchen Sie sooft es geht loszulassen: Das kann in jeder Sekunde sein, die Sie Pause machen: Entspannen Sie den Atem, die Atemmuskulatur (in erster Linie die Bauchmuskeln), auch wenn noch die gedankliche und die Körperspannung zur Aufrichtung gehalten werden. Versuchen Sie, Ihr Spannungsempfinden auszuloten. Mund und Rachen sind grundsätzlich immer offen, sodass der Atem frei fließen kann.

Durch das Loslassen, das Auflösen der (Sprech-)Spannung strömt die verbrauchte Menge Luft von selbst zurück.

30 *Analysieren Sie Ihre alltäglichen Tätigkeiten und spüren Sie Blockaden auf: Wo halten Sie die Luft an? Öffnen Sie sich für Ihren Atem und lassen Sie ihn unbeeinflusst ein- und ausströmen. Nehmen Sie das Pulsieren Ihres Körpers wahr: Brust, Bauch und Rücken dehnen sich aus und ziehen sich wieder zusammen.*

6.2 Körperreflexe

Wir lernen meist bereits im Laufe der kindlichen Entwicklung, unsere Reflexe zu unterdrücken. Jubeln, Schreien, Weinen, Schluchzen, Ächzen, Stöhnen, Rülpsen, Spucken und Gähnen werden als unakzeptabel geächtet und unterdrückt. Husten und Niesen werden als Krankheit abgestempelt. Augen rollen, offener Mund und Zunge herausstrecken, das darf nicht vorkommen. Dabei dient all das der Regulierung unserer (u. a. stimmlichen) Disposition, unseres Wohlbefindens.

Der richtige Umgang mit Reflexen
Man sollte bei der Erziehung darauf hinwirken, zu lernen, mit diesen wertvollen Reflexen umzugehen, anstatt sie zu unterdrücken. Wichtig ist aber, das Bewusstsein zu entwickeln, sich für gewisse Laute im Kreise der Mitmenschen zu entschuldigen, die Hand vor den Mund zu halten, sich für den Moment abzuwen-

den oder kurzfristig an einen anderen Ort zu begeben. Als Erwachsene mit zunehmender Belastung im Alltag sollten wir wieder lernen, unsere eigenen Reflexe wahrzunehmen und ihnen Raum zu geben. Das kann uns helfen, manchen Schmerz und so manche Hemmung und Beklemmung zu mindern. Gerade die Kaumuskeln sind bei den meisten Menschen chronisch angespannt. Die Folgen sind u. a. Zähneknirschen und eine schlecht funktionierende Stimme. Insbesondere das Gähnen sollten wir kultivieren! Gähnen hat erwiesenermaßen viele positive, letztlich gesundheitsfördernde Effekte:

- Gähnen versorgt den Organismus mit einer Extraportion Sauerstoff.
- Gähnen aktiviert und entspannt das Sonnengeflecht (Solarplexus) und die Bauchmuskulatur.
- Eine ganze Reihe von Muskeln wird angespannt, um sich anschließend umso tiefer zu entspannen.
- Gähnen wirkt positiv auf das Nervensystem und die Psyche.

Reflexe sind wertvolle Signale und zugleich Selbsthilfe unseres Körpers. Sie dienen der Spannungsregulierung, Vitalisierung und Harmonisierung. Achten Sie darauf, ihnen genug Raum zu geben. Genüsslich gähnen = gesunde Gelassenheit generieren!

6.3 Vitalisierungs-Übungen

Die folgende Übung dient der Lockerung, Durchblutung und Vitalisierung Ihrer Füße und des gesamten Kreislaufs. Außerdem verbessern Sie Ihren Bodenkontakt und damit auch Ihren Standpunkt.

> **Übung: Lockerung von Füßen und Zehen**
> 1. Ziehen Sie Ihre Schuhe aus und kreisen mit den Zehen auf dem Boden.
> 2. Belasten Sie die Fußspitze und die Zehen.
> 3. Wippen Sie auf den Zehen.
> 4. Stellen Sie sich auf ein Bein und umfassen Sie den Fuß des anderen mit den Händen.
> 5. Ziehen Sie die Ferse bis an den Po.
> 6. Tun Sie jetzt das Gleiche mit dem anderen Fuß.

Machen Sie diese Übung einige Minuten, so lange, wie Sie es als wohltuend empfinden.

Mithilfe der nun folgenden Übung entlasten und entspannen Sie Ihren Rücken, die Wirbelsäule und die Muskulatur. Ihr Atem wird vertieft und der Energiefluss wie auch der Blutkreislauf werden begünstigt.

Übung: Atem im Rücken
1. Gehen Sie in die Hocke, mit den Fußsohlen am Boden. Das geht am besten, wenn Sie die Füße im rechten Winkel mit etwas Abstand zu einander aufstellen.
2. Lassen Sie Kopf, Schultern und Arme locker hängen.
3. Versuchen Sie, die Nackenmuskulatur vollständig zu entspannen.
4. Lassen Sie den Atem durch den geöffneten Mund und die Nase ein- und ausströmen.
5. Beobachten Sie den Atem, ohne aktiv einzugreifen. Passieren lassen – kommen und gehen lassen.
6. Die Ausdehnung der Lunge soll bewirken, dass Ihr Rücken, Ihre Flanken, Ihr Bauch sich weiten und Ihr Beckenboden sich senkt.
7. Lassen Sie einige Atemwellen passieren und bleiben Sie in dieser Haltung, solange es guttut.
8. Strecken Sie langsam die Beine, die Knie sollten auch im Stand beweglich bleiben, Spiel haben.
9. Richten Sie vom Steißbein her ganz langsam den Rücken auf, wobei Kopf und Arme bis zur vollständigen Streckung der Wirbelsäule hängen bleiben.
10. Richten Sie den Kopf auf, als seien Sie eine Marionette. Stellen Sie sich vor, an Ihrer Schädeldecke sei die Hauptschnur befestigt und Sie hätten keine Muskeln. Lassen Sie den Kiefer hängen.

Die nächste Übung lockert den Schulter- und Nackenbereich und befreit so die Kehlkopfmuskulatur von möglichen Verspannungen.

> **Übung: Arme und Schultern lockern**
> 1. Schlenkern Sie mit Ihren Armen, als seien Sie eine Stockpuppe.
> 2. Drehen Sie den Oberkörper entgegen dem Unterkörper, als seien Sie ein „selbstauswringender" Aufnehmer. Ihre Arme fliegen rechts und links um Ihren Rumpf.
> 3. Beobachten Sie Ihren Atem. In der Verwindung wird der Atem aus der Lunge herausgequetscht, in der Frontalstellung strömt die verbrauchte Menge Luft in Ihre Lunge zurück. Sie brauchen nicht willentlich aktiv einzuatmen.

In der nun folgenden Übung wird die Muskulatur der Flanken gedehnt, um zu entspannen und bereit zu werden für die differenzierte und kraftvolle Agitation.

> **Übung: Seitendehnung**
> 1. Verlagern Sie Ihr Hauptgewicht auf den linken Fuß.
> 2. Strecken Sie Ihren linken Arm nach oben.
> 3. Machen Sie einen Spannungsbogen nach rechts, sodass Ihre linke Seite gedehnt wird.
> 4. Wechseln Sie die Seite. Jede Seite zweimal.

Beachten Sie, dass Ihr Atem immer fließen muss! Wenn wir uns stark konzentrieren oder anstrengen, neigen wir dazu, den Atem anzuhalten. Machen Sie ruhig einen leisen Ton mit dem Ausatem. Dann wird Ihnen der Atem bewusster.

Lassen Sie ruhig einmal den Kopf hängen! Jeweils drei Atemwellen lang.

> **Übung: Kopf hängen lassen**
> 1. Legen Sie Ihren Kopf locker erst zur linken, dann zur rechten Seite. Jede Seite zweimal.
> 2. Lassen Sie Ihren Kopf auf die Brust sinken.
> 3. Legen Sie Ihren Kopf in den Nacken. Dabei öffnet sich der Mund weiter.
> 4. Noch einmal zur Brust.
> 5. Noch einmal in den Nacken.

Aus der letzten Position (5.) heraus führen Sie Ihre Arme gleichmäßig seitlich nach oben und strecken sie bis zur Decke. Wachsen ist eine aktive Streckung von innen heraus. Die Fußsohlen bleiben stets auf dem Boden.

Dehnen und Strecken ist wichtig für einen guten Spannungshaushalt. Denken Sie an Katzen und tun Sie es ihnen gleich! Die Stimmfunktion benötigt vitale Spannung, die nur in einem ausgeglichenen Körper-Spannungshaushalt möglich ist.

6.4 Weitere Übungen

Übung: Atemsteuerung mit Skala 1-10

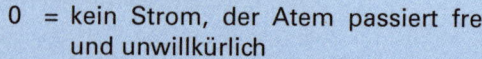

0 = kein Strom, der Atem passiert frei und unwillkürlich
1 = kleinstmöglicher Strom
10 = größtmöglicher Strom

Machen Sie mit Daumen und Zeigefinger Kontakt und drücken Sie aktiv als scharfes/stimmloses „S" den Atem aus, so leicht, dass Sie eben noch einen gleichmäßigen Strom erzeugen können (Stärke 1 = sanft, gelassen). Steigern Sie den Druck der Finger und des Ausdrucks so stark es Ihnen möglich ist (Stärke 10 = heftig, aggressiv). Nun können Sie abstufen (1-10) und Ihr Bewusstsein schärfen für die Korrelation von (Laut-) Stärke und Körperspannung. Stellen Sie sich einen Schieberegler (Fader) vor. Strecken Sie Ihren Arm in die Höhe, um Stärkegrad 10 anzuzeigen; strecken Sie ihn nach unten, um Grad 1 anzuzeigen. Die Schulter markiert die Mitte.

Micro-Pause Trainingszirkel

→ Micro-Pause nach *jedem* Satzzeichen sowie vor Bindewörtern (und, oder, sowie...) - je konsequenter, umso wirkungsvoller!

Inspiration = Einatem sowie geistige Eingebung
Ausholen = Den Unterleib weitende Einatem-Bewegung

Aufschlag = Ball aufschlagen im Sinne von Aussage treffen/Botschaft senden

Ausdruck = Atem mittels Bauchmuskulatur/Zwerchfell aus der Lunge bewegen

Abb.: Micro-Pause® – Trainingszirkel

6.5 Stimm-Hygiene

Dinge, die uns wichtig sind, pflegen wir. Die Pflege der Stimme ist ein wesentlicher Faktor zur Gesunderhaltung und (Re-)Vitalisierung. Was also tut unserer Stimme gut?

Saubere Luft

Nicht immer haben wir Einfluss auf die Atemluft in unserer Umgebung. Kneipen und Gesellschaften, wo viele Menschen auf engem Raum zusammen sind und möglicherweise auch noch geraucht wird, sind kein günstiger Ort für unsere Stimme: Man redet zu laut, atmet ständig schmutzige, verbrauchte Luft. Aber auch bei der Arbeit gibt es Luftverpester wie z. B. Chemikalien, Staub oder Schimmelpilze. Sorgen Sie für entsprechende Filter, Schutzvorrichtungen und möglichst die Beseitigung der Ursachen.

Angenehmes Raumklima

Die meiste Zeit halten wir uns in Räumen auf. Daher sollten wir besonders im Winter häufig kurz die Fenster aufmachen und stoßlüften. Ist dies nicht möglich, sind sogenannte Luftwäscher eine Alternative: Die Raumluft wird befeuchtet, Staub, Pollen und Gerüche werden im Wasser gebunden.

Viel trinken, kein Kaffee

Am besten für unseren Körper und die Stimme ist klares Quellwasser bzw. Mineralwasser ohne Kohlensäure. Auch milde Kräutertees sind gut. Schwarztee, Früchtetees, Kaffee, Kakao oder Milch sowie zucker- und säurehaltige Getränke sind während eines intensiveren Stimmeinsatzes nicht zu empfehlen. Auch unmittelbar davor sollte man diese Getränke meiden.

Lärmpegel

Viele Arbeitssituationen erfordern einen kräftigen Einsatz der Stimme – sei es auf dem Bau, in der Gastronomie oder auch in Service- und Call-Centern. Haben Sie selber keinen Einfluss auf den Lärmpegel, so schöpfen Sie trotzdem Ihre Möglichkeiten aus: Gehen Sie z. B. dichter an Ihre Gesprächspartner heran, machen Sie Ihre Stimme präsenter (Stift-Übung) oder bringen Sie das Mikrofon näher an den Mund.

Genügend Schlaf und Ruhe

Es ist in vielen Berufen und Positionen nicht immer einfach, sich zu entspannen und so viel zu schlafen, wie einem guttäte. Über den Tag baut sich häufig eine Anspannung auf, die bis zum Abend immens steigen kann und letztlich eine Menge Energie kostet. Körper und Stimme bekommt es gut, wenn Sie häufiger innerlich zur Ruhe kommen und äußerlich entspannen. Ein kleines Nickerchen, 15-20 Minuten am Mittag, oder eine Stuhl-Entspannung zwischendurch wirken Wunder. Ihre (Stimm-)Muskulatur wird es Ihnen danken!

Auf dem Atem sprechen

Lassen Sie stets vor Einsatz des Stimmtons am Beginn eines Satzes ein wenig Atem vorströmen. Es ist ein unhörbarer Hauch, bevor sich die Stimmlippen schließen und in Schwingung geraten. Die Phonation wird eingeleitet, indem Sie ein kaum vernehmliches „h" vorschicken. Damit vermeiden Sie ein Zuviel an Atemdruck und unterstützen ein gesundes Einschwingen der Stimmlippen.

Eigenton und Indifferenzlage
Der Eigenton ist eine bestimmte individuelle Stimmfrequenz, um die sich die Sprachmelodie bewegt. Er lässt sich finden, indem Sie an ein wohliges, lustvolles Gefühl denken und dabei „mmh" summen. Auch durch ruhiges, gleichmäßiges Zählen können Sie ihn finden. Der Eigen- oder Naturton liegt im unteren Drittel Ihres Stimmumfangs und ist eine gesunde Ausgangsbasis, um Sprache zu gestalten. Die Indifferenzlage ist der Stimmbereich, in welchem sich Ihre Stimme am besten, d. h. natürlich und ohne Anstrengung, bewegt. Hier klingt Ihre Aussage stimmig und Sie erzielen größtmögliche Authentizität und Sympathie.

Stimmerkrankung
Eine Angina oder Entzündung der Stimmbänder, des Kehlkopfs oder Rachens ist kein Spaß. Sie sollten unbedingt schweigen und mit Salbeitee gurgeln. Salbeitee mit Honig und Bonbons wirken ebenfalls lindernd. Auch Dampfbäder mit Kamille können die Heilung begünstigen. Wenn nach drei Tagen keine Besserung eintritt oder sich die Erkrankung häufig wiederholt, sollten Sie unbedingt zum HNO-Arzt oder Phoniater gehen und in Zukunft mit einer Logopädin oder einem Stimmtrainer etwas für eine bessere Stimmfunktion tun.

Mithilfe der folgenden Übung finden Sie die für Sie optimale Ausgangsstimmlage (indifferent = neutral) als Basis für eine ausgewogene, gesunde Stimmgebung.

> **Übung: Indifferenzlage**
> 1. Halten Sie einen gut gefüllten Luftballon mit den Fingerkuppen dicht vor Ihren Mund und sprechen Sie einen neutralen Testsatz, z. B.: Milch macht müde Männer munter, in gewohnter Stimmlage. Sprechen Sie ruhig mehrfach hintereinander in gleicher Weise, jeweils mit einer Micro-Pause dazwischen!
> 2. Nun sprechen Sie den Satz merklich höher als eben, auch mehrfach wie oben beschrieben.
> 3. Zuletzt sprechen Sie Ihren Satz an der Untergrenze Ihres Stimmumfangs. Bitte keinesfalls die Stimme runterdrücken! Der Stimmklang sollte stets frei sein, der Kehlkopf entspannt.
> 4. Vergleichen Sie die Vibration, welche der Ballon in Ihre Fingerspitzen weiterleitet. In welcher Lage resoniert die Stimme am meisten?
> 5. Probieren Sie auch weitere Zwischenstufen, um Ihre optimale Sprechstimmlage zu finden: Sie ist dort, wo ohne Anstrengung die größte Resonanz entsteht!

„Ich will mehr Volumen in der Stimme"

Was bedeutet Volumen? Eine Vergrößerung des Raumes. Wie können Sie den Raum vergrößern? Ganz einfach: Indem Sie den Kiefer weiter absenken, sprich den Mund weiter öffnen als gewohnt! Außerdem aktiviert der Gedanke an Gähnen oder den Vokal „u" Muskeln, welche den Rachen erweitern und den Kehlkopf absenken. Wenn Sie nun noch ein offenes Gesicht machen, d. h. die Nasenflügel wie beim Schnuppern bewegen, öffnen Sie die oberen Resonanzräume. Lassen Sie ein „Ma" klingen und achten Sie darauf, dass das „M" bereits viel Vibration im Nasenbereich erzeugt und das anschließende „a" voll tönt bei weit abgesenktem Unterkiefer. Die folgende Übung wirkt übertriebener Sprechspannung entgegen, gleicht die Qualität Ihrer Vokale einander an und steigert Ihr Volumen.

> **Übung: Vokale murmeln**
> 1. Schließen Sie den Mund, sodass sich die Lippen leicht berühren.
> 2. Formen Sie tendenziell eine Schnute, als wollten Sie Ihr Bedauern mit einem imaginären, offen klingenden „Ohh" zum Ausdruck bringen.
> 3. Summen Sie nun bei geschlossenem Mund in Ihrer Indifferenzlage nacheinander die Vokale a-e-i und a-o-u. Dabei sollte sich lediglich Ihre Zunge umformen, in möglichst geringem Maße aber die Mund-/Kieferstellung! Versuchen Sie möglichst viel Resonanz zu erzeugen, indem Sie während des Summens an Gähnen denken.

Achten Sie bei der Übung auf eine entspannte Tongebung! Der Kehlkopf sollte nicht gedrückt, der Stimmklang nicht eng und gequetscht sein.

Mögliche Nebenwirkungen des Stimmtrainings

Unser Körper ist ein sehr komplexes System, welches optimal funktioniert, wenn alle Körperteile gut aufeinander abgestimmt sind und zusammenwirken. Fällt wegen Erkrankung z. B. ein Bein aus, können wir uns nur noch humpelnd fortbewegen oder aber mit Krücken. Das bedeutet, dass dann unsere Arme die Arbeit des ausgefallenen Beines übernehmen. Die Arme werden jedoch überbeansprucht, wenn wir viel laufen, und es kann zu Schmerzen und Entzündungen in den Armen kommen. Längerfristig wird sich unser Körper wahrscheinlich daran gewöhnen und sein Bewegungsmuster anpassen, die Arme werden kräftiger und so wird das Fehlen des zweiten Beins kompensiert. Gesundet nun das erkrankte Bein und wir können es wieder belasten, bedeutet dies für das Körpersystem wiederum eine Veränderung, die erstmal zu Schmerzen führen kann. Die Beinmuskulatur muss wieder aufgebaut werden, bis die ursprüngliche Funktionalität wiederhergestellt ist, und was sich vor dem Unfall normal anfühlte, wird auf einmal als ungewohnt und fremd empfunden.

Übertragen auf die Stimme, welche ihrerseits ein System im großen Ganzen ist, bedeutet dies, dass mögliche Fehlbelastungen durch zu hohes oder gepresstes Sprechen, eine Unterentwicklung in einigen Muskeln, häufiges Räuspern oder dergleichen sich über einen langen Zeitraum eingestellt haben und sich „normal" anfühlen.

Beginnt man nun mit dem Stimmtraining, so verändert man in guter Absicht einzelne Aspekte im Apparat, was dort zunächst auf Ablehnung stößt. Möglicherweise fühlt sich eine ungewohnte aufrechtere Haltung angestrengt an und führt zu Verspannungen im Rücken. Das weite Öffnen des Unterkiefers kann einen vorübergehenden Verschluss in den Ohren bewirken oder ein Knacken in den Kiefergelenken verursachen. Die Atemübungen können Muskelkater in der Bauch- und Flankenmuskulatur erzeugen etc. All diese Symptome sollten Sie nicht beunruhigen, sie verschwinden im Laufe des Trainings wieder, sobald Ihr Körper akzeptiert, dass er seine „normale", lieb gewonnene Fehlhaltung zugunsten einer vitaleren Funktion verändern soll. Machen Sie während des Trainings immer wieder Pausen, so wie es auch bei sonstiger körperlicher Beanspruchung und Ertüchtigung ratsam ist. Wenn Sie unangenehme Begleiterscheinungen feststellen, dehnen Sie sich, lassen sich massieren oder ruhen sich einfach aus.

Grundsätzlich gilt: Was Ihrem Körper insgesamt guttut, kommt auch Ihrer Stimme zugute. Wichtig sind gute Rahmenbedingungen wie saubere Luft, geringer Geräuschpegel sowie eine gesunde Stimmfunktion. Sprechen Sie möglichst in der Indifferenzlage.

6.6 Selbst- und Fremdeinschätzung

Wie schätzen Sie selber Ihre Wirkung auf andere ein in Bezug auf Ihre Stimme, Ihre Mimik und Gestik? Wie sehen Sie andere? Diese kleine Analyse kann Ihnen helfen, Ihr Bild von sich selbst und Ihre Wirkung auf andere anzugleichen und Verbesserungsansätze zu finden. Überlegen Sie bei der Selbsteinschätzung nicht lange, markieren Sie spontan, wie Sie sich in der jeweiligen Kategorie einstufen würden. Kopieren Sie die Tabelle und lassen Sie von Freunden, Kollegen oder Seminarteilnehmern ebenso spontan Ihre stimmliche Wirkung bewerten.

Selbst-/Fremdeinschätzung	☹	😐	☺
Klangfarbe			
Lautstärke			
Aussprache			
Melodie			
Lebendigkeit			
Verständlichkeit			
Sprechtempo			
Ausdruck			
Phrasierung			
Blickkontakt			
Haltung			
Gestik			
Mimik			
Überzeugungskraft			

Auswertung

1. Nehmen Sie Ihren Selbsteinschätzungs-Fragebogen zur Hand.
2. Nehmen Sie einen Stift anderer Farbe, als Sie selbst zum Markieren benutzt haben.
3. Übertragen Sie nun die Fremdeinschätzungen jeweils mit einem Strich in der entsprechenden Zelle der Tabelle.
4. Schauen Sie sich an, wie weit sich die beiden Einschätzungen decken und in welchen Bereichen Sie ein stark abweichendes Selbstbild haben.

Vielleicht ist die Wahrnehmung Ihrer Person durch andere positiver ausgefallen, als Sie erwartet hatten? Gratulation! Dann können Sie sich sicherlich noch weiter steigern, indem Sie die wenigen Abweichungen optimieren und Ihre Kritiker nächstes Mal mit noch mehr Überzeugungskraft überraschen. Oder haben Sie sich vielleicht überschätzt? Gratulation! Dann haben Sie jetzt den ersten Schritt getan, um gezielt etwas dafür zu tun, die Diskrepanz in der Einschätzung auszugleichen. Verbessern können Sie sich in jedem Fall – zu Ihrem Vorteil! Viel Erfolg!

Die Einschätzung der eigenen Wirkung ist nicht einfach, weil jeder Mensch sich selbst (besonders die Stimme!) anders wahrnimmt, als es die Mitmenschen tun. Durch Abgleichen von Fremd- und Selbsteinschätzung kann man über den Kopf zu mehr Selbstsicherheit gelangen.

Fast Reader

1. Hintergründe

Selbstbewusstsein im eigentlichen Sinn des Wortes ist wichtig für gezielte Veränderung und Verbesserung von Haltung, Atmung und Stimme. Nicht aufgesetzte Selbstsicherheit, sondern echtes Bewusstsein hat einen enormen Einfluss auf Ihre Ausstrahlung und Überzeugungskraft. Indem Sie sich mit Ihrer Stimme beschäftigen, steigern Sie Ihr Selbst-Bewusst-Sein!

Die Arbeit an und mit der Stimme ist eine Bereicherung des Lebens in allen Bereichen. Ob im beruflichen Kontext oder im Privatleben – mit Ihrer Stimme bestimmen Sie die Qualität Ihrer Kommunikation und damit Ihrer Beziehungen. Sie profitieren auch gesundheitlich und erhöhen Ihre Leistungsfähigkeit, wenn Sie Haltung, Atem und Stimme in Einklang bringen.

Beobachten Sie Babys und Kleinkinder, erinnern Sie sich an Stimmungen und Äußerungen in Ihrem Leben.
- *Befassen Sie sich mit Ihrer Stimme und Sie entwickeln ein echtes Selbst-Bewusst-Sein!*
- *Machen Sie sich ein funktionales Bild Ihres Haltungs-, Atem- und Stimmapparates.*
- *Erinnern Sie sich an intensive Emotionen und die jeweils zugehörige Körperspannung – Ihre Stimme hat dann eine stets entsprechende Qualität.*

2. Haltung – Atem – Stimme

Die Körperaufrichtung ist von entscheidender Bedeutung für die gute Funktion der Stimme und für unsere Wirkung insgesamt! Ein Mensch mit aufrechter Körperhaltung wird als starke, verlässliche Persönlichkeit wahrgenommen – im Stehen wie im Sitzen. Wer das Gefühl von zu kurzem Atem oder Beklemmungen hat, atmet meist zu flach und zu viel ein. Benutzen Sie nur die in der Lunge befindliche Luft zum Sprechen, ohne zusätzlich Luft zu holen! Geben Sie Ihrer Stimme mehr Atemluft und Sie wirken sympathischer.

Die Stimme ist abhängig von der freien und kraftvollen Atemfunktion, diese ist abhängig von der stabilflexiblen Körperaufrichtung, welche

ihrerseits abhängt von einer aufrichtigen inneren Haltung.
- *Bewegen Sie sich bewusst, achten Sie auf gute Haltung und bequeme Kleidung (besonders im Bauchbereich).*
- *Gewöhnen Sie sich an Ihren Stimmklang, indem Sie häufiger Tonaufzeichnungen von sich anhören.*
- *Lassen Sie Emotionen in Ihren Alltag und Ihre Reden einfließen.*

Wir können lernen, die eigene Stimme intensiver wahrzunehmen und zu trainieren. So steigern wir unsere Ausdrucksmöglichkeiten und die Wirkung auf andere.

3. Sprache

Wasser muss fließen. So auch der Atem und der Redefluss. Achten Sie auf eine sinnvolle Akzentuierung der Wörter im Redezusammenhang.

Eine gute Artikulation ergibt sich aus einer lockeren Kieferhaltung, möglichst viel Resonanzraum und dem bewussten, ausgeprägten Umgang mit Vokalen und Konsonanten.

Micro-Pausen sind kleinstmögliche Pausen, deren wesentliches Merkmal das Abspannen ist. Abspannen bedeutet das Auflösen der Sprechspannung, insbesondere in der Atem-(Bauch-)Musku-

latur. Micro-Pausen sollten Sie während des Redens und der Arbeit stets Raum schenken.

Dynamische Reden sind lebendig und erzielen nachhaltige Aufmerksamkeit. Üben Sie die Mittel zur dynamischen Gestaltung wie Tempo, Lautstärke, Modulation. Der Atem- und Klangstrom soll immer fließen, so wie Ihr Herz pulsiert und Ihr ganzer Körper mit ihm.

- **Die Artikulation und Lautbildung soll plastisch, räumlich und organisch sein.**
- **Micro-Pausen sind Grundlage gut funktionierender Atmung und Stimmgebung.**
- **Dynamik macht Ihre Sprache interessant und nachvollziehbar.**

4. Vor dem Auftritt

Nichts auf der Welt kann Sie in eine peinliche Situation bringen, solange Sie in Kontakt mit sich selbst und dem Publikum sind! Bleiben Sie ruhig und Sie finden Hilfe, z. B. in Ihrem Manuskript oder bei Ihnen gewogenen Zuhörern.

Machen Sie sich mit dem Raum vertraut, in welchem Sie sprechen werden, indem Sie eine Zeit lang so sprechen, als wären die Zuhörer schon da. Suchen Sie sich Fixpunkte, Anker im Raum: vorne, hinten, rechts, links und in der Mitte. Forcieren Sie

nicht; wenn der Raum gefüllt ist, sprechen Sie mit genau der gleichen Lautstärke wie bei der Probe. Machen Sie sich vor Ihrem Auftritt auch mit den technischen Voraussetzungen vertraut.
Wählen Sie Ihre Kleidung stets dem Anlass entsprechend. Dabei gilt: Sie sollen sich darin wohlfühlen.

Wo immer Sie auftreten: Sie sollen sich wohlfühlen im Sinne von richtig, am richtigen Platz!
- **Seien Sie stets in Kontakt mit sich selbst und Ihrem Publikum.**
- **Machen Sie sich frühzeitig mit den räumlichen und technischen Gegebenheiten vertraut.**
- **Wählen Sie Ihre Kleidung nach den drei Aspekten: Anlass, Aussehen, Angenehm.**

5. Der Auftritt

Konzentrieren Sie sich auf die Botschaft, die Sie vermitteln wollen. Bemühen Sie sich, diese klar darzustellen. Wenn Sie selbstsicher auftreten, wirken Sie kompetent.

Übermitteln Sie Ihre Botschaft mit den zugehörigen Emotionen. Finden Sie Möglichkeiten, Ihre Gefühle einfließen zu lassen. Unterdrückte oder aufgesetzte Emotionen blockieren die Stimme und Sie wirken nicht überzeugend!

6. Anregungen und Übungen

Analysieren Sie Ihre alltäglichen Tätigkeiten und spüren Sie Blockaden auf: Wo halten Sie die Luft an? Öffnen Sie sich für Ihren Atem und lassen Sie ihn unbeeinflusst ein- und ausströmen.

Reflexe sind wertvolle Signale und zugleich Selbsthilfe unseres Körpers. Sie dienen der Spannungsregulierung, Vitalisierung und Harmonisierung. Achten Sie darauf, ihnen genug Raum zu geben.

Dehnen und Strecken ist wichtig für einen guten Spannungshaushalt. Denken Sie an Katzen und tun Sie es ihnen gleich! Die Stimmfunktion benötigt vitale Spannung, die nur in einem ausgeglichenen Körper-Spannungshaushalt möglich ist.

Was Ihrem Körper insgesamt guttut, kommt auch Ihrer Stimme zugute. Wichtig sind gute Rahmenbedingungen, wie saubere Luft, geringer Geräuschpegel, sowie eine gesunde Stimmfunktion. Sprechen Sie möglichst in der Indifferenzlage.

Die Einschätzung der eigenen Wirkung ist nicht einfach, weil jeder Mensch sich selbst (besonders die Stimme!) anders wahrnimmt, als es die Mitmenschen tun. Durch Abgleichen von Fremd- und Selbsteinschätzung kann man über den Kopf zu mehr Selbstsicherheit gelangen.

Übungsverzeichnis

Arme und Schultern lockern S. 70
Artikulation S. 41
Atembefreiung und Entspannung S. 23
Atem im Rücken S. 69
Atemsteuerung mit Skala 1-10 S. 72
Atemwahrnehmung S. 22
Ausdrucksübung S. 24

Betonung S. 46*

Dra Chanasan mat dam Kantrabass S. 40
Dynamik S. 47

Energiefluss-Analyse S. 63*

Hechel-Übung S. 25

Indifferenzlage S. 77

Körper-Grundhaltung S. 19
Kopf hängen lassen S. 71
Korken-Übung S. 37

Lächeln S. 61*
Lippenbewegung S. 29*
Lockerung von Füßen und Zehen S. 68

Micro-Pause Trainingszirkel S. 72

Nebelhorn-Übung S. 30*

Pausen-Übung S. 44

Selbst- und Fremdeinschätzung S. 81
Seitendehnung S. 70
Stift-Übung S. 37
Stimmqualitäten S. 14
Stuhl-Entspannung und Sammlung S. 27

Ton-Übung S. 31

Vokale murmeln S. 78

Zungen-Übung S. 39*

---

* Diese Übungen sind dazu geeignet, auch im Auto ausgeführt zu werden.

Literaturhinweise

Zum vertiefenden Studium und weitergehenden professionellen Training empfehle ich Ihnen folgende Literatur:

- Alavi Kia, Romeo: Stimme – Spiegel meines Selbst. Braunschweig: Aurum, 1992
- Balser-Eberle, Vera: Sprechtechnisches Übungsbuch. CD separat erhältlich. Wien: öbvhpt Verlag, 1998
- Coblenzer, Horst, und Muhar, Franz: Atem und Stimme. Wien: öbvhpt Verlag, 1995
- Faller, Adolf: Der Körper des Menschen. Einführung in Bau und Funktion. Stuttgart: Thieme, 1995
- Gutzeit, Sabine F.: Die Stimme wirkungsvoll einsetzen. Inkl. Audio-CD. Weinheim: Beltz, 2002
- Kutscher, Patric P.: Stimmtraining – ... und plötzlich hört dir jeder zu. Offenbach: Gabal, 2002
- Lauten, Anno: Stimmtraining-live. Inkl. Audio-CD. Planegg: Haufe, 2006
- Middendorf, Ilse: Der erfahrbare Atem. Paderborn: Junfermann, 2007
- Myer, Billi: vocal basics – Der Weg vom Sprechen zum Singen. Inkl. Audio-CD. Brühl: AMA, 1998
- Nollenmeyer, Olaf: Die souveräne Stimme. Inkl. Audio-CD. Offenbach: Gabal, 2005

Der Autor

Anno Lauten, Dipl.-Sänger & Stimmtrainer, ist seit Jahren auch international tätig als freier Künstler sowie als Stimmtrainer, Gesangspädagoge und Fachautor in verschiedenen Unternehmen, Institutionen, für Radio und TV sowie in eigener Praxis, um Menschen im beruflichen Alltag zu mehr stimmlichem Ausdruck zu verhelfen.

Tel. 0221-68 86 37
Fax 0221-968 97 40
Lauten@Stimm-Werkstatt.de
www.Stimmtraining-live.de

Register

Aggression 61
Anregungen 63ff.
Artikulation 7, 36ff., 86
Atem 6, 17ff., 63f., 69, 72, 75, 84, 85f.
Auftritt 51ff., 59ff., 87f.

Blockaden 11, 21, 89
Botschaft 6, 46, 59f., 73, 88
Breitspannung 60, 61
Brustton der Überzeugung 9, 31

Dynamisches Sprechen 45ff.

Emotionen 11, 22, 26, 30, 51, 61, 85
Energiefluss 11, 63f., 68
Entspannung 14, 23, 27, 43, 75

Fremdeinschätzung 81f.

Gähnen 19, 23, 30, 37, 66f., 78

Grundhaltung 19, 56

Haltung 6, 11, 17ff., 43, 64f., 69, 81, 84, 85f.

Inspiration 43, 72f.
Intention 22, 26, 43, 46

Kleidung 22, 55f., 86, 88
Körperreflexe 66f.
Körperspannung 65, 72, 85
Kompetenz 59f.
Konsonanten 14, 40ff.

Lächeln 60f.
Lampenfieber 51ff.
Lautstärke 24, 45, 47, 55, 81, 87
Luft 14, 20ff., 63, 65, 70, 74, 85, 89

Mikrofon 54, 55, 75
Micro-Pausen 44, 72f., 86f.
Modulation 28, 35, 45ff., 65

Muskelspannung 17, 31

Pausen 43ff., 47, 61, 80, 86f.

Redefluss 35f., 37, 60, 65
Reflexe 11, 13, 66f., 89
Resonanz 28, 32, 37, 54, 77f.
Resonanzraum 28, 78, 86

Selbstbewusstsein 6, 10, 84
Selbsteinschätzung 81f., 89
Sitzhaltung 19f.
Spannkraft 65
Spannung 11, 29, 43, 45, 73, 89
Sprache 13f., 29, 35ff., 76, 86f.

Sprechspannung 73, 78, 86
Stimm-Hygiene 74ff.
Sympathie 26f., 76

Tempo 26, 35, 44, 45, 47, 87
Trockener Mund 53

Verspannung 20, 69, 80
Vitalisierung 68ff., 73, 89
Vitalisierungs-Übungen 68ff.
Vokale 14, 28, 40ff., 78, 86

Wahrnehmung 31f., 82
Wirkungsgrad 44
Wohlbefinden 7, 11ff., 66

Die 30 Minuten-Reihe
In 30 Minuten wissen Sie mehr!

Jeder Band 96 Seiten, 2-farbig
€ 8,90 (D) / € 9,20 (A)

Expertenwissen im Pocketformat

Frank H. Berndt
30 Minuten Burn-out
ISBN 978-3-86936-255-7

Peter Mohr
30 Minuten Präsentieren
ISBN 978-3-86963-261-8

Reinhard K. Sprenger
30 Minuten Motivation
ISBN 978-3-86963-

Peter Mohr
30 Minuten Verkaufen
ISBN 978-3-86963-258-8

Ardeschyr Hagmaier
30 Minuten Basiswissen Akquise
ISBN 978-3-86963-262-5

Stefanie Demann
30 Minuten Selbstcoaching
ISBN 978-3-86963-

Ulrich Siegrist,
Martin Luitjens
30 Minuten Resilienz
ISBN 978-3-86963-263-2

Stéphane Etrillard
30 Minuten Überzeugen
ISBN 978-3-86963-264-9

Hartmut Laufer
30 Minuten Besprechungen
ISBN 978-3-86963-

Weitere Informationen finden Sie unter www.gabal-verlag.de